中共厦门市委党史和地方志研究室 组编

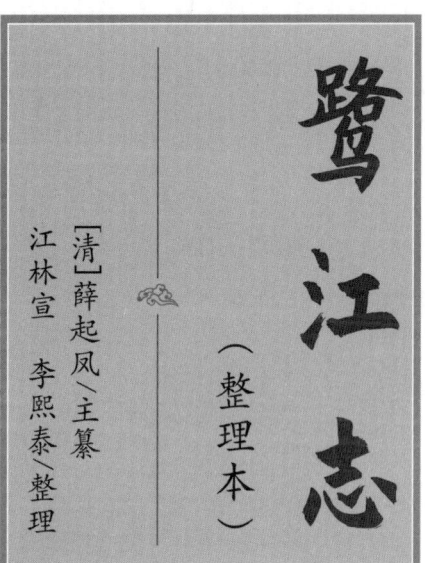

鹭江志（整理本）

[清]薛起凤/主纂
江林宣 李熙泰/整理

海峡出版发行集团 鹭江出版社
2020年·厦门

# 目　录

序一　李永裕 /1
序二　林仁川 /1
凡例 /1

## 抄本残卷

薛起凤题诗 /3
蓝应元序 /5
廖飞鹏序 /13
嘉禾里序 /21
卷之一 /23
　　总图 /23
　　鹭江山水形势记　杨国春 /25
　　鹭岛志引　黄名香 /26
　　总论　薛起凤 /27
　　厦门城 /28
　　庙宇 /29
　　关津 /34
　　山川 /36

街市 /43

　　河池 /44

　　租税 /45

　　保甲 /46

　　寺观 /48

卷之三 /70

　　风俗 /70

　　流寓 /73

　　品行 /75

　　节烈 /88

　　土产 /96

附一：八景图诗 /111

　　洪际〔济〕浮日 /111

　　筼筜渔火 /113

　　阳台夕照 /115

　　万寿松声 /117

　　虎溪夜月 /120

　　鸿山织雨 /122

　　五老凌霄 /124

　　鼓浪洞天 /126

附二：艺文补遗 /153

　　九闽赋　黄成振 /153

　　嘉禾名胜记序　薛起凤 /160

　　看山楼唱和诗序　薛起凤 /161

看山楼唱和诗记 黄莲士/162

凤凰山石泉记 林遇青/163

榕林别墅记 林遇青/164

渔城诗草序 蔡天任/165

张母黄孺人节孝传 蓝应元/166

翼社谱序 叶其苍/167

曾朝英跋 /172

## 辑佚补缺

卷之二 /177

职官 /177

防围 /195

衙署 /197

仓廒 /199

科甲 /200

明经 /204

武隽 /207

戎功 /208

书院 /212

坊表 /214

坟墓 /214

释衲 /216

古迹 /217

**卷之三** /218
  品行　文学 /218
  方技 /219
**卷之四** /221
  艺文 /221
  杂记 /258

附：有关《鹭江志》研究资料索引 /261
后跋　陈照寰 /262
再版后记 /264

# 序 一

　　清乾隆三十一年（1766）纂修的《鹭江志》，是厦门现存最早的一部地方志书，是珍贵的地方文献资料。

　　该志由鹭江文士薛起凤主纂，黄名香、杨国春参与分修，分门三十，订卷为四，志前有序二，志末有跋。志成曾朝英汇集《八景图诗》《艺文补遗》附之，故后人有五卷之说。纵观全书，篇幅虽小，体例初备，言简意赅，举凡当时厦门的山川城郭，市廛关津，风景人物，学校典章，巡狩防御，踪迹故实，俱收其中。它成为我市独立的地方志书雏形。

　　《鹭江志》道光年间尚存，实为周凯《厦门志》之嚆矢，后竟亡佚。早在二十世纪二三十年代，有关部门与卓识学者即多次登报征求，终无所获。八十年代，荷兰归侨陈增唯先生曾将荷兰莱顿大学馆藏之《鹭江志》残本复印，赠与厦门大学图书馆收藏，惜未广为人知。未几厦门大学历史系林仁川教授赴荷开会，得见该残本，喜而又复印携归，并赠与厦门市图书馆一本。《厦门文化丛书》编委会与鹭江出版社鉴于其较高文献价值，为发挥其应有作用，乃请李熙泰同志为主加以整理，重新出版。其残缺之卷二、卷四则根据现存目录，自《厦门志》《同安县志》辑佚补缺，以完全貌。容有未洽，姑待后之继续发现。

《鹭江志》编纂至今已历二百三十有年，沧海桑田，个中历经几多重大历史变更。鸦片战争，厦门被迫辟为"五口通商"口岸之一。日寇侵华，厦门在铁蹄下被蹂躏了八年之久。中华人民共和国的成立，宣告厦门的新生，摆脱了半殖民地地位。然而海峡两岸长期对峙，人为的樊篱造成了厦门经济建设的滞后。一九八〇年厦门创建经济特区，从兹昂首阔步，走上改革开放的康庄大道。在特区建设的十多年间，厦门市区面积从原来的十二平方公里，发展为现在的五十六平方公里。到处高楼林立，通衢纵横，加上集美、同安、杏林、海沧的开发，一个"众星拱月、一环数片"的大都市雏形正逐渐在形成。公路、铁路、航空、海港、通信飞速发展，厦门已以海陆空重要港口的雄姿屹立于祖国东南。

"以史为鉴，可以知兴废"。《鹭江志》的出版，将为我们提供多方面的研究资料，为今天厦门的发展和社会进步提供可贵的借鉴。更重要的是它对凝聚民族精神，加强爱国主义教育，陶冶热爱桑梓报效祖国的情操，将发挥积极的作用。据《鹭江志》的记载，是时厦门虽为同安县属下的一个里，但却"特设提军镇守，更移兴泉永道驻扎"。说明厦门重要性，八闽名区，国门要地，从来就在管理上"特"字当头。《鹭江志》在描绘当时厦门港海上交通的繁荣景象时说："港中舳舻罗列,多至以万计。"在介绍厦门自然景观时,盛赞为"海国巨观,至此极矣"。抚今追昔,我们更加感到厦门市委、市政府要把厦门建设为"港口风景城市"的正确性。该志在序言中指出当时在较稳定的社会条件下,采取了"十年生聚,十年教诲"的举措,在厦门这块优越的热土上,各行各业,"如花着地,逢春得雨,甲坼勾萌,无不各畅其生机"。并预言"先儒有言,五百年后,十浯州(注:即现在的金门)不及一嘉禾"。读书至此,我们不仅感慨于先贤的明见,更对在邓小平建设有中国特色社会主义理论指导下,把厦门经济特区建设得更加美好,倍添信心。

盛世修志,是我国的优良传统。近十年来,新的《厦门志》和众多专业志书正在编纂,不断问世。《鹭江志》的整理出版必将与我市其他志书一道,在社会主义建设新的历史时期,为厦门繁荣和发展作出其应有的贡献。衷心感谢本书整理、出版诸同仁的辛勤劳动,诚恳希望各界人士对本书出版给予关注。是为序。

李永裕<br>一九九七年三月于厦门

# 序 二

厦门是我国东南沿海重要的海港城市。早在唐代，已有内陆人民迁居岛上。宋元时期，开始在岛上驻兵防守。明代中叶，随着私人海上贸易的发展，厦门作为月港的外围港而兴起。明末清初，由于郑氏海商集团的苦心经营，厦门成为对外贸易的重要商港。清朝统一台湾以后，在厦门设立闽海关正口，使厦门成为海上贸易的通洋正口和对台航运的专门口岸。康熙末年，海上贸易虽然一度受阻，但康、雍、乾时期厦门的海上贸易还是十分兴盛的。厦门海商远涉重洋，出没东西洋各个港口，外国海商也连翩而至，厦门港出现"番船往来，商贾翔集，物产麇至"的繁忙景象。时人廖飞鹏在《鹭江志》的序文中写道："鹭岛则为全省诸水道之要冲，四面环海，群峰拱护，可为舟楫聚处，港中舳舻罗列，多至万计，虽穷陬僻壤之士，无不愿以一游为快，海国巨观，至此极矣。"

但是，有关前期厦门地区和厦门港的记载，我们通常能见到的是道光十九年（1839）刊印的周凯《厦门志》，而乾隆年间修订的《鹭江志》长期没有见到。1986年11月我到荷兰莱顿大学汉学院出席国际会议及访问期间，在汉学院图书馆书架上发现《鹭江志》，心里十分高兴，在汉学院院长许理和（音译）教授和吴荣子馆长的同意和支持下，复印携归故国。

当今社会有一股不正之风，发现珍贵史料，藏之高阁，秘不示人，以垄断为能事。为了冲破这种恶习，我回国后即将《鹭江志》经常提供志趣者翻阅、使用，并复印一部送给厦门市图书馆收藏。最近，又获知八十年代初，荷兰归侨陈增唯先生也曾复印残本携归，但并未产生应有影响。现在，《厦门文化丛书》编委会决定组织力量，开卷整理，并由鹭江出版社出版发行。我认为这是一件很有意义的事。

《鹭江志》是厦门今存最早的一部地方志书，始修于乾隆三十一年（1766），乾隆三十四年（1769）冬开刻。主编薛起凤，海澄人，迁居嘉禾里，"乾隆三十年乙酉举人"，"尝与黄莲士诸人结云洲诗社"，"岛中称风雅焉"。黄名香、杨国春参与分修。黄名香，嘉禾里人，"喜吟咏"。杨国春，厦门竹坯人。三人经数载之搜罗，凡厦门山川、城郭、风土、人物、学校、典章之设，巡守防御之制，以及创建源流，盛衰沿革之故，无不一一备载。该志忠实地记载了康熙、雍正、乾隆时期厦门的自然景观和社会、经济、文化等方面的资料，为研究厦门历史提供十分珍贵的文献。

林仁川

一九九七年三月十三日

于厦门大学海滨新村

# 凡 例

为了读者阅读方便,我们整理时加以分段、断句、标点和校注。今将整理出版的具体处理办法和意见,说明如下:

1. 异体字、繁体字一律改为规范的简体字。

2. 严格按《鹭江志》抄本残卷复印本原文顺序整理,并加以标点、校注。

3. 原序文和八景图诗中,部分系草书文字,今概以正楷字并加标点排印,以便对照阅读。

4. 辑佚补缺卷二、卷四各门类全部内容,大多摘自《厦门志》,少部分摘自乾隆本《同安县志》,文后皆注见某志某卷。摘自《厦门志》的,凡《厦门志》有注见《鹭江志》的,全文抄录;有的虽未注,但内容时限又切于《鹭江志》所缺门类,也几乎全文抄录(除文中有注见其他文献者外)。为此,该《鹭江志》整理本卷二、卷四之内容,是否与原文完全一致,未敢肯定。

5.《鹭江志》各门类有小引的体例,对辑佚补缺的卷二、卷四中的门类,因无所据,我们未加小引。

6.《鹭江志》复印本原文有明显缺漏字，我们查考《厦门志》补充进去，并用"□"处理。如卷三《节烈·林氏》下"二女方在襁"后漏"褓"字，就在"襁"字之后用 褓 表示。

7. 原文中错别字、避讳字一律在该字后用括号注明。如卷三《文学》中《薛令之》下，"元宗幸东宫见焉"中的"元"字应为"玄"字，即在"元"字之后用"〔玄〕"表示。卷三《风俗·丧礼》中"搬〔扮〕"亦然。

8. 凡文中明显有误或需加注释者，一律在当页页下注释。

抄本残卷

# 薛起凤题诗

万派争流一岛横,衣冠自昔有贤声。
向来未得窥全胜,此日图中指掌明。

梧山薛起凤书

萬派爭流弋島橫衣冠自
昔齊賢歇向來未得窺全
勝此圖圖中指掌明

梧江薛起鳳書

# 蓝应元[1]序

【鹭江前未有志也,驾部黄荔崖始有《嘉禾名胜记》之撰。山川源委,颇得其详,而风土人物盛衰沿革之故,未及焉。梧山薛君,独起】[2]而任之,阅四岁而书始成,递简问叙于余。思鹭岛自历代至我朝,人文辈出,何此书独阙也。意者山灵有待,非三都两京之巨笔莫与属乎!夫志者记也,在国曰史,在郡邑曰志,即方隅记录皆关治化所存,必其书足以传古而信今而后贵焉。今观薛君《鹭江志》一书,分门三十,订卷为四,义例大概本诸郡邑乘,而阐微正谬,则独出苦心搜罗,一字一句,必确有可据,非徒择无稽之说,莽卤记载已也。余所谓足以传古而信今者,其薛君此书之谓欤,山灵待之,果得其人矣。抑余又闻之,士之抱济世才者,出则有功于生民,处亦无负于梓里。

薛君以经济才,家居待用,便能为乡土生色,他日者出而体国经野,措施事业,以黼黻太平,自可于此书中卜之也。余不文,愧无以应薛君之请,而乐附数言并为之贺。若夫鹭

---

[1] 蓝应元,字资仲,号古萝,漳浦县张坑人。清乾隆庚辰(1760)进士。历任翰林院编修、大理寺卿、礼部侍郎。乾隆三十二年(1767)丁父忧,归家葬父后,被厦门玉屏书院聘任山长。《鹭江志》序出其手笔。

[2] 《鹭江志》整理本缺此段,据《福建通志》补之。

岛之形势，山高海阔，地灵人杰，志书备载，余亦无容多赘。

乾隆己丑孟冬二日，年家眷同学弟蓝应元拜序。

而任之閱四歲而書始成遞簡問敘於余 思鷺島自歷代至我朝人文輩出何此書獨闕也意者山靈有待非三都兩京之巨筆莫與屬乎夫志者記也往國曰

史在郡邑曰志,郡方隅纪录皆阙治化所存,必其书足以传古而信今,而後贵焉。今观鹭居鹭江志一书,分门三十,订卷为四,义例大概,本诸郡邑乘,而阐激正误则独出苦心搜罗一字一句必确有可据迤徒挨无稽之语莽尚记载已也案所谓足以传古而信今者其 薛君此书之谓欤山灵待之果得其人矣十而

余又闻之士之抱济世才者出则有功于生民处亦无负于梓里居以经济才家居待用便能为乡土生色他日者出而体国经野措施事业以蔚为邦彦

太平自可於此書中卜之也余不
文愧無以應薛君之请而樂附
數言并為之賀若夫鷽鳩之
勢山高海潤地靈人傑志書借
載采亦無容多贅乾隆已丑四

冬二日年家眷同學弟藍應元

拜序

# 廖飞鹏①序

　　吾闽十郡二州,地多滨海,而鹭岛则为全省诸水道之要冲,四面环海,群峰拱护,可为舟楫聚处,港中舳舻罗列,多至以万计,虽穷陬僻壤之士,无不愿以一游为快,海国巨观,至此极矣。自唐薛君珍、陈希儒以儒术倡起,历宋迄明,人文辈出。至我朝振兴以来,特设提军镇守,更移兴泉永道驻扎,至治覃敷,风行俗化,而岛中三十里许地,遂成文物声名之区。特以地属泉郡同邑,仅附载于郡邑乘,而未有全书,终难免语焉不详之憾。吾友梧山薛君数载搜罗,辑〔勒〕成此书,凡山川城郭、风土人物、学校典章之设、巡守防御之制,以及创建源流、盛衰沿革之故,无不一一备载。余披读之下,见其分门序事,井井有条,不觉欣然慰曰:快哉此书。今而后,凡穷陬僻壤之士,携一卷入深山,皆得时时览夫海岛雄观。而不但此也,鹭岛自海氛而后,沧桑一变,翻卷传闻,皆不无舛错,即生长斯土者,又岂能尽悉其源委。薛君此书一出,始可了然于心目之间,则其有功于吾桑梓之地也,岂浅鲜哉。固乐为之序。同门弟廖飞鹏顿首拜题。

---

　　① 廖飞鹏:清乾隆十五年(1750)庚午举人。祖籍龙溪,迁厦门霞溪,主讲于玉屏、丹霞书院。为《鹭江志》序文之作者。

## 序

吾闽十郡二州,地多滨海,鹭岛则为全省诸水道之要冲,四面环海,群峰拱护,可为门户,樯橹云港中,舳舻罗列,岛不

以萬計雖官隙俱壞二十七年亦
顧以一趟為快海國臣虤至此振
炙自唐薛居珍陳希儒以儒
彬偶起歷宗逵關人文蔚步吾
我

朝,興以來,特設提軍鎮守,更設與泉永道駐劄,至洽軍敷風行偃化,何啻中土十里海地遠,成文物聲名,不亞特以地處偏郡,因乞僅附載於郡邑乘句

未有全书难免讹焉不详之憾吾尝攀山跻居数载搜罗翻阅古书凡山川城郭风土人物学校典章之谈延守防如之制以及创建缘盛衰沿荐

云故无不一备载余披读之,不见其分门序事,并有憾不觉慨然慰曰:嗟哉!此书令而后九家政僻坏,无士挟一卷入深山皆得时,眺矣!夹海岛雄观句不但吟風弄月自海氣而海濤耒一變翻老傳聞嘗不多妍錯節生長斯生者又豈能盡素其原委薩居世書一生始可少然抑心曰之間則含有伊抒雹蘂

梓之地之尝識鮮哉固樂為之

序同門弟廖飛鵬頓首拜題

## 嘉禾里序

鹭门与金门对峙,皆同邑海屿也,而鹭为尤胜。汉晋以来莫考已。自陈黯公避黄巢乱,徙厦金榜山,以文场老,宋朱子簿同邑,景仰高山,临履其地,镌诗于读书室以赞之,而嘉禾遂有先儒过化风。历宋迄明,师友渊源,绳绳继继,斯文迭起,名士振兴,如林少卿以诗文行世,杨仁甫以廉洁擅名,傅国鼎以经济著声,林负苍以清高见重,祀之乡贤,列之县志,推许当时,流传奕世,庶几不愧海滨邹鲁之邦。池直夫《大同赋》云:又有嘉禾,弥迤鹭门。洞天迥异,自辟乾坤。突起洪济,古德迹存。南陈北薛,桃李成村。阳台云锁,金榜虎蹲。五老截薛,钓矶潺湲。仙洞鹤岭,子晋吹管〔笙〕。地灵人杰,料〔科〕甲云屯,有明征也。至若海潮环绕,风涛出没,四时变幻,景态万千,即一隅可以尽宇宙之大观已。

国初海氛四起,郑成功踞其地四十余年,其间城池宫室,兵戈焚毁,而鹭江遂成战场,小一时之厄也。万中庵疏复两岛,施靖海继莅斯邦,十年生聚,十年教诲,市井乡都,诗书振响,少习长成,甲科辈出,而武职戎功又指不胜屈焉。盖气运流转,品汇咸亨,如花之着地,逢春得雨,甲折〔坼〕勾萌,无不各畅其生机矣。若夫天不爱道,地不爱宝,曰〔田〕园日辟也,市肆日闹也,货贿财物日增而日益也,宾客商旅日集而日繁也，四夷八蛮，道里所通，舟车所济，则又日往而日来也。昔先儒有言曰：五百年后，十浯洲不及一嘉禾，理或然也。夫大眷地钟，而又当升平之盛，文教覃敷，人才继起，将见紫阳之教泽长存，而陈薛之芳徽不替，宁第与浯洲比美哉。

## 卷之一

### 总 图

竹坪杨国春阳三氏
梧山薛起凤飞三氏同辑纂
霞溪黄名香兰友氏

鹭岛图

鹭岛总图

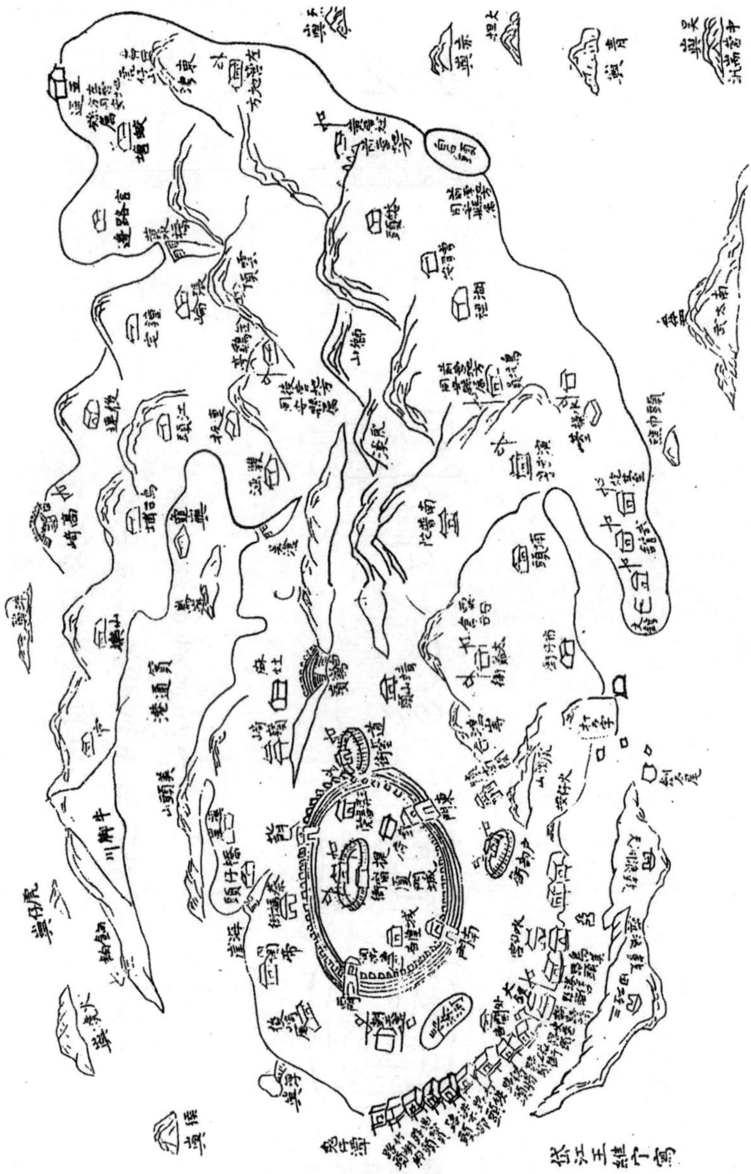

# 鹭江山水形势记

杨国春

禾岛自同邑分龙，迤逦西界而来。由天柱越仙旗，起伏五十里余，岗峦重叠。东行至文圃山，崭然屹峙。蜿蜒而下，〔逾〕龙门，过朱岭（朱子所到处），挺起大屏山，顿伏跌断。至排头门，列嶂横飞，蓄势临江，崩洪渡海。天马北峙，太武南雄。左辅宝珠，右弼猴屿，日月护峡分明。北有金髻、镜台、鼠屿为送，南有东坑、白屿、嵩屿为护。过海突起一山，如眠牛形，名牛家村，厦之龙基焉。盘薄郁积，崔嵬特挺，为小文圃；金头水肩镇重，如大文圃；倒降两支迎龙，如北之婆姐寨、小天马、钓鱼翁、狗屿、虎屿是也；又如南之观音山、官浔山、东渡、蟾蜍山是也。又东行，至浮云山，历塘边，南山耸焉。腰落一支，结店前、后莲、竹坜等乡。又东起东阮山，傍抽一支，结蓝〔篮〕后、坂上、钟宅等乡。遂东向断跌，翻转南行，一山横列二里许，双龙合结。中有天池养荫龙气，名薛岭山。奔跃十余里，洪济山耸焉。屴崱巍峨，为厦岛诸山之冠。其间乡社累累，如后坑、后埔、浦园、吕厝、莲坂等社，一皆行龙所萦拂也。又自洪济东分一支，结虎山、朵澳、湖边、何厝、高林、五通诸社。中从云顶，重峰叠嶂，顿跌西南。

雁塔乡其分支也。行十余里，至狮山。出御屏，边海南行，龙蟠虎踞，控水尖而引阳台，鹤膝蜂腰，历天界而挺虎岫。老龙脱润，从靖山卸落，结聚入首处，平地特出三台。明江夏侯周德兴相阴阳，观流泉，度地居民，建城其中。南分一支，由石泉山起镇南关而下，势如长蛇，回环包裹。外而鼓浪屿前拱，又外而青浦诸山作案。北有美头山、水鸡腿为城后界。城前霞溪，一水北流，篝笞之元，绕案会潮而出。东南水口则有虎头山、龙头山对峙关锁。外有大、小担两屿为捍门。西南则太武、镇海、旗尾护焉。东北则凤〔鸿〕渐、烈屿环焉。至若全厦水势归宿，北则同安、安海北界水会聚于厦东南；西则漳州、海澄东界水会归于厦西南。四水东注，八面旋绕。其中源于生气，朝于大旺，流于囚榭，千形万状，难以尽述。《经》云："火从地中特地起"，真形势之奇也。虽其岛纵横三十里许，而山峰拱护，海潮回环，市肆繁华，乡村绣错，不减通都大邑之风。此扶舆磅礴之气所钟，吾正欲于小中见大焉。是为志。

## 鹭岛志引

#### 黄名香

鹭岛距同邑七十里，四面环海，为漳泉之咽喉，台澎之门户，诚海疆要地也。

国朝承平百有余年矣。海氛永靖，重熙累洽，郡有乘，邑有志，而鹭岛事迹略而不详，不无遗珠之感〔憾〕。吾友梧山薛君、竹泾杨君，生长斯地，慨然以鹭志为任。于是招予同修，网罗掌故，参考见闻，分门三十，订为四卷，经始于乾隆三十一年，至三十四年而志成。夫嘉禾一岛，大不过三十里，在唐则为陈薛衣冠之地，宋则为文公过化之区，而元而明，人文辈出。至我朝百余年尤称极盛，其中典章人物，盛衰沿革，风信潮汐之时候，内港外洋之异同，海防之制，防御之道，山水之清奇，人烟之稠密，市廛之交错，鱼盐之入贡，以友〔及〕风云月露，草木禽鱼，毕著于编。非特夸其淹贯，实以征国家太平之景运，岂非不朽之事哉。异日采风有使，于是编实有借焉。子不文，于分修之暇，爰题数言以为引。

## 总　论

### 薛起凤

鹭岛者，泉南海岛也，以其为泉之门户，故曰"门"也。地属银同，去邑治七十里。四面环海，纵横三千〔十〕里许，名山秀水，自为结构。唐宋以来，并为村墟。明洪武时建所城，领以千户，而市镇之设自此始矣。今以其山川言之，城自文圃穿海以来，叠嶂重峰，起伏不一。至于洪济，耸然卓立，为鹭之主，峙于城之东北，其迤逦而东也，二十里许，至于狮山，又东而至于虎溪，顿伏里许，迳东为靖山入城。其北为筼筜港，则小文圃在焉，为城之后卫，山之所由来处也。其东南则鸿山、虎头，为城左臂。其西则嵩屿、唐屿与夫排头、新安，为城右臂。其正南，则鼓浪屿横列于前，俨然几案是也。其水，则自石泉出者，经前园至于南门；自白鹿山者，经靖山至丁桥亭，同为〔归〕霞溪入于海，以抱城之南。其自天界寺后出者，经寿山寺，西流至于北门；自太平出者，经万石至于魁星河，同流而入于海，以抱城之北。故古人有言："南双溪，北双溪，南北双溪簇锦齐。北分人家成万户，文章科甲榜头题。"此则鹭城之大概也。若夫全岛之胜，则天马、美人峙于西北；鸿渐、覆釜拥于北东；东则金门、烈屿以补其缺；西则文圃、高浦以壮其观；南则太武，雄镇海外，以为之蔽；其东南则青屿、大担其所出纳者也；星罗棋布，无所不备。以故人文蔚起，而财赋不穷，洵泉郡之名区，海疆之要地也。

# 厦 门 城

厦门，旧名中左所。明洪武二十七年，徙永宁卫中左所官军守御于此。江夏侯周德兴筑城，周四百二十五丈九尺，高连女墙一丈九尺，阔八尺五寸，窝铺二十二，垛子四百九十六，门四：南曰洽德，北曰潢枢，东曰启明，西曰怀音，上各建楼。永乐十五年，谷祥增高三尺，四门增砌月城。正统八年，刘亮督同千户韩添增筑四门敌櫓〔楼〕台。万历三十年，掌印千户黄銮倡卒〔率〕官军，名损〔各捐〕俸粮重新所署。城北有望高石，可全收山海之胜，今建八角亭于其上。

国初，为郑联兄弟所踞。顺治六年，郑成功秋夜扬帽〔帆〕抵厦，并联军，遂入城。八年正月，成功率众南，以城属其从叔芝莞。巡抚张学圣调提督马得功取之，成功南施〔旋〕，得功归，城复为郑有。十七年，将军达素部，分满汉兵梼〔捣〕厦不克。十八年，会迁界令下，无从接济，遂取台湾，留长子经守厦。成功没，康熙二年，经杀其伯郑泰于金门，泰子弟来投诚，授伯爵，郑之兵将亦多归款。于是，得功复取厦。经退保铜山。总督李率泰令堕〔隳〕岛城，弃其地将十二载。耿精忠叛，经复踞厦。十九年，提督万正色复两岛，疏留总兵官镇之。越年经死，子克壄嗣。二十二年，靖海将军施琅进兵，郑氏纳款。部议以厦门重地，令施琅挂侯印，领水师驻扎于此。琅遂表奏，重葺城窝，大建行署，通商训农，民得安堵。今驻厦门水师提督一员，中营参将一员。旧将军时，用副将，今改前、后、左、右营，各游击一员、守备一员、千总二员、把总四员，兵各一千名。除分拨应调，见在五营食粮共四千八百五十名。战船七十只。箭道二，一在北门内，一在外清。大较场一，演武亭一座，在南普陀前。

## 庙　宇

狄梁公巡抚吴楚，毁淫祠千七百所，止存四庙，所以禁淫祀戒媚也。然记曰：能为民御灾捍患者则祀之。今四里之地为庙者多，究其实固非淫祀比，而非大有所系者不记焉。盖宁阙毋滥，亦戒媚之意也。

**东岳庙**　在北门外，坐带溪，面仙洞，崇祀东帝并十殿阎罗。

**关帝庙**　在城西南隅，祀汉寿亭侯，恭逢万寿于此朝贺设坛，文武朝班即在两廊，前后各三日演戏庆祝。

**城隍庙**　与关帝庙相连，祀城隍之神。

**上　宫**　在西门外，坐鳌岗面海，祀天妃。御赐"神昭海表"匾额。将军施琅平台时，祷神默相，后军中乏水，祝之得泉。大兵抵鹿耳门，水涨数尺，联舰并进，遂获全胜，皆神所赞，表奏建庙旌勋。雍正年间，钦赐祀典。有碑记：

皇帝御极二十有二年冬，余平海凯旋至止〔此〕，总兵罗士钐进曰："厦之城西，有天妃祖庙旧址，今海疆底定,请为重兴。"余乃捐俸以与,罗总兵概董其事,复募有心力者共之,既告成,爰记之云。太子少保内大臣、靖海将军靖海侯、世袭罔替、解赐御衣、褒锡诗章,兼管福建水师提督军务施琅。

康熙二十七年,岁次戊辰孟冬穀旦。

**观音亭** 在西门外,背海面城,祀观音菩萨,旁祀罗汉。迁界后庙废,神托梦里老,发毫光子〔于〕其地,因重建焉。灵应异子〔于〕他神。

**外关帝庙** 在神前街,坐海向街。每月朔,文武官在此宣讲圣谕。有碑记:

万历丁亥正月朔,师古受命来知浯屿水寨事,求关公之神而造谒焉。神栖于路亭之旁,不可以成礼。乃出囊资七十金,撤菜食之庐舍八十椽,庀材鸠工以首庙事。四哨之官捕目兵共〔弁〕而〔等〕人相率而助四十金。两班卫所之队若军,亦相率而助四十金。望老奉三金供酒食,游兵毛户侯以二金称花币,道人讳鸿宝输五金施绘事,遂入为司祝。逾季而庙貌奕然,甲八闽矣。古武夫不能文,直书其年月始末以诏来者。万历己丑年七月望,歙人许师古九顿首撰,越人俞国辅拜书。

**福寿宫** 在打铁路头左边,祀吴真人并天妃二神,即福山社是也。

**和凤宫** 在凤皇〔凰〕山下,岛美路头街后,祀吴真人并天妃二神,即和凤社是也。

**怀德宫** 在石埕街头,亦祀天妃、真人二神,即怀德社是也。

**水仙宫** 在望高石下,坐山向海,祀大禹、伍员、屈原、项羽、鲁班诸神，明时所建。迁界令下，海边诸庙俱废，此独不毁。乾隆三十年，里人金长源等捐金重修，叶德芳等复募建后殿，祀观音大士。左边石中建寒山祠、八角亭。工竣勒石记之：

鹭岛水仙宫，创自前代，年月不可考。忆康熙癸卯，变起沧桑，民居、宫观俱烬兵火，宫独全无异。意者，彼苍特留明神福此一方，为国朝开亿万年贡赋未可知也。迨狼烟息，圣德周，迄今八十余年矣。鹭门田少海多，居民以海为田。恭逢通洋弛禁，夷夏梯航，云屯雾集，鱼盐蜃蛤之利，上供国课，下裕民生。然后知宫之独全者，诚彼苍为国为民，全一福地，不棋〔綦〕重哉。但鸳瓦、朱门、鸟苹、雁齿，日久年湮，几经剥落，何以安神灵而便行旅乎？爰商诸君子，发同善心，捐金治材，择吉兴工，址则仍旧，宇则更新，台则缩小，桥则增大。就而观之，则见神像庄严，庙宇轮奂，亭台壮丽，曲槛回廊，厨寮龛帐，莫不毕具。远而望之，则见山枕凤凰，江襟田鹭，虎头、龙首，诸峰蟠踞乎其南，象山、猿屿，列翠回环乎其西。四面波痕，千寻日影，石塔之冲霄也。霜中人迹，月下渐〔潮〕声，板桥之临水也。以地之灵，荷神之圣，而锡民之福也，不无瞻顾徘徊，共相称颂于无穷也乎。董其事者叶德芳、陈斐章、秦靖国、郑国珍、王振珪、杨朝佐、陈鸿士、叶高攀、周高光、许名杨、陈时佐、石日辉、黄名香。共费银一千五百两。

乾隆三十一年七月□日立石。莫凤翔撰记。

其后进系观音大士殿，董事等再捐银重新建造，于乾隆

三十三年成,亦莫凤翔记。左畔石上有诗数首:

### 莫凤翔诗

江风有信水无情,东去南来老此生。
一片当头亭畔月,金樽相对几回明。

### 叶德芳诗

危楼杰阁倚云高,三载开山岂惮劳。
结俾〔伴〕时来栏外立,欣看万里静波涛。

### 黄名香诗

劫火当年遍鹭洲,独存古庙碧江头。
山分龙虎东西峙,水接台澎日夜流。
万里舟车频辐辏,四时风月足观游。
饮〔欣〕知圣世人烟盛,高下层楼压蜃楼。

### 陈迈伦诗

鹭门禹庙落成初,胜景层开接太虚。
斜磴人来悬壁上,危亭日极大荒余。
近城烟雨千家市,绕岸风樯百货居。
泽国久无烽火警,一声长肃〔啸〕海天舒。

### 林明琞诗

庙貌巍巍踞鹭津,于今开拓又重新。
危亭杰阁凌云表,画栋雕甍壮海滨。

舟子喧阁〔闹〕争渡客，马头络绎趁墟人。
潮声日夜来还往，万古长如谒圣神。

**东澳妈祖宫** 在东澳社左。祀天后，为厦岛天后庙之先。三月，乡例庆天后诞。先数日，厦之诸庙必造其地，名曰"请香"。

**上帝庙** 在草仔垵，背山面海，祀元〔玄〕武帝，称曰"水长上帝"。盖人析〔祈〕祷于潮生时即应，退则否，亦奇事也。

**风神庙** 在厦港玉沙上，雍正年间建，祀风伯之神。

**内关帝庙** 在海岸，背海面街，祀汉寿亭侯，并关平、周仓之神，其周将军极灵，祈祷不绝。

**祖婆庙** 在中营守备筲边，祀武烈王。

**大使宫** 在塔仔街旁，有石塔，镌"泉南佛国"四字。明时为梅〔海〕滨渡头，水至其下。相传其神为水所漂，到此不去，父老因相与立庙祀之，即唐之张巡、许远是也。

**万寿宫** 在后崎尾，明时所建，亦祀天妃、真人之神。

**土地庙** 在万寿宫巷，祀福德神。为厦岛诸街市土地神之先，俗呼曰"土地公祖"。

**雷音殿** 在后崎尾小屿中，有木桥数十丈通其际。今易以石，亦一美景也。祀五行神。

**龙湫亭** 在二十一都，离城二十余里，祀观音大士，灵应异常。庙前有窦数处如小沟，有土横沟上，如桥形，千古不陷，故名曰"龙须"。

**凤仪宫** 在火烧街头，亦祀天妃、真人之神。

**天长宫**　在霞溪上，所祀神同凤仪[宫]。

**圆山宫**　在厦门港，祀吴真人，朔望读法多在于此。

**鳌山宫**　在后莲乡蟹仔屿渡上，祀吴真人。明时为官府往来打馆所，当道颜曰"鳌山第一"。

# 关　津

环鹭皆海也，舟楫之利，财赋于是乎取关津綦要矣。然所以叶〔弃〕暴客而说商旅者，伊古有作西〔贾〕，所以裕国用西〔贾〕通往来者，于今亦宜。至征民而存爱民之意，济人而兼惠人之利，则于百姓有厚幸焉。

**闽海关**　旧为户部所管。每三年，部中选一员抵厦专理其事（员外、郎中不等），住户部衙（在养元宫边）。分四处稽查，岁解征税银七万三千有奇。令〔今〕为将军兼管，委官一员，在厦总理，有事则禀明将军，饷银作四季解京。大馆在岛美路头，凡洋商南北等船出入，皆到馆请验，惟米粟免饷，余俱有例。其自外来者，洋船则宫〔官〕亲登其上封仓，命内丁日夜看守，防其偷漏揆处，验明征饷。商船则遣人特〔持〕丈尺，量测浅深，计算所载多寡，分别征饷。自本地出者，则挑赴大馆报税，给单出水。小馆则随潮时，命巡丁遍查渡船，验其有无透〔偷〕漏，其或隐匿不报，察出则执解大馆，以凭送究。

小馆一在厦港玉沙，稽查金门、烈屿、安海及浯屿、岛美各等渡货物。

一在鼓浪屿复〔后〕，稽查漳州、石码、海澄及漳属各小舟等渡货物。

一在牛家村，稽查同安、内安及澳头、鼎美等渡货物。

一在石码街，稽查龙溪、漳浦等处往泉州各项货物。

## 津

**寮仔后** 岛美、浯屿等船泊此。

**水仙宫** 海澄、石码等船泊此。

**岛美路头** 横洋、青浦等船泊此。

**港仔口路头**

**新路头** 石码、海澄、乌屿、石美等船泊此。

**大史巷** 北溪、浦南等船泊此。

**磁街路头** 嵩屿小渡泊此。自渡头至嵩屿，水途三十里，往漳大路。

**得胜路头** 平台得胜，故名。

**小史巷**

**打铁路头** 同安、内安等船泊此。

**洪本部路头** 海氛时，洪旭居此，故名。

**典宝路头**

**竹树脚路头** 旧有小路头，今叶家购海中小屿，填筑起盖店屋数十间并路头，广阔可容来往而渡船移泊焉，名新填地。

**五通渡头** 厦往泉大路，过刘五店，水途三十里。

**高崎渡头** 厦往同安大路，过浔尾，水途三十里。上有小石城，与浔尾水寨对，汛防燉〔墩〕台在焉。

**蟹仔屿** 小渡船往同安。

**附海澳**

**牛家村澳** 宋、元、明设官渡,号东渡。抵嵩屿起旱往漳。今废,石路犹存。现作饷馆。

**石湖澳** 有大石,阔数十丈。明设石湖司,有小寨基焉,前对高浦所。

**下尾烧灰澳** 有盐埕,今在此晒盐。

**塔头澳** 在二十二都,明洪武二十年,周德兴置巡检司,名曰塔头司,自石湖徙〔徙〕此。城周一百三十丈,高一丈七尺,窝铺四,南北门二,万历间裁,城亦圮。

**东　澳** 离虎仔山五里,有天后庙。

# 山　川

人杰由于地灵,则山川其要也。培其脉而疏其气,人文于是乎发焉。诗曰:相其阴阳,观其流泉。盖向背通塞之义,皆君子之所必知也,矧其为天地钟英者乎。故志之。

**小文圃** 在城之北,隔筼筜一水,去城二十余里。状如文圃,但稍异耳。自文圃发龙,渡海来厦,为山之所由起。

**洪济山** 去城二十五里,其高为诸山冠,厦之主山也。上有方广寺,云顶岩又〔为〕其绝顶。有观日台,四望环海,鸡鸣时,观日如火轮从海中跃出,甚奇。其西北有岭,曰薛岭,唐文士陈黯居焉。

**紫占山** 在豪灶社后,离城四里许,势极雄壮,高可数百丈,石壁巉岩,绵亘数里。

**金榜山** 有石黄色,如列榜状,陈场老读书处也,亦曰场老山。有大石镌"迎仙"二字,盖楼其上,其置楹之坎存焉。旁有石,高十六丈,竦〔耸〕立名玉笏。又有石镌"谈元〔玄〕石"三字。去山里许,有石如鹰,下小者如兔,俗呼为"鹰搏兔",先生钓矶也。

### 朱文公题金榜山诗

陈场老子读书处,金榜山前石室中。
人去石存犹昨日,莺啼花落几春风。
藏修洞口云空集,舒笑岩幽草自茸。
应喜斯文今不泯,紫阳秉笔记前功。

### 丁一中赠陈场老孙子诗

海上双旌共往还,陈材多士似云环。
当年场老清风远,留得芝兰满故山。

### 又题金榜山

丽日明金榜,春风扫玉台。
旧迎仙子驾,今复令威来。

### 叶普亮诗

适自上苑者〔看〕花回,暂游场老石室中。
在昔曾闻高士志,从今益重古人风。
岩幽独挺青松秀,涧浅长抽绿草茸。
我亦欲为栖隐计,壮心未敢负前功。

### 刘沂东诗

几度龙门览胜还，更寻云壑共跻攀。

当年若为浮名绊，令〔今〕日何人访故山。

### 题 钓 矶

若〔当〕年垂钓者，终古坐寥廓。

借问任公鳌，何如令威鹤。

### 又题次韵

有誉场老叟，胸怀海天郑〔廓〕。

昔晦一丝纶，今显丹台鹤。

### 又题次韵

嵯峨一片石，可比严台廓。

寂寂几多秋，知翁惟少鹤。

**虎仔山**　在二十一都，自首至尾，俨然一活虎蹲踞，北拱县治。明初建塔其上，为水口捍门。

**狮　山**　在太平岩后，去城四里许，石势嵯峨，状如狮形，故名。

**朱公山**　在二十一都，虎山之北，朱文公尝游其岭，故名。稍行而右，对峙双石，号曰"仙石"，可坐数十人，仙迹棋盘，隐然若画。

**金　山**　在黄水桥，山赤色金星，体上无草木，故名。

**大担山**　在厦门海口，有天妃庙，五营轮值，稽查出入船只，石上镌"第一津"三字。

**蜂窠〔巢〕山** 去城南三里，高悬如蜂窠〔巢〕，前望海中有七星石，森列海面。旧志载明。

**虎头山** 去城 南 里许，巨石耸起，上戴小石，分列两旁，如虎之耳，故曰虎头。在海滨，与鼓浪屿龙头相对。

**鸿　山** 即镇南关山也。上有石寨遗址存焉。中有大罅，名龙喉，其深莫测，以石投之，响久而后息。相传为昔人避乱处。

**阳台山** 在城之东北二里许。高数百丈，巨石重叠，尖削爽秀，为诸山冠，带溪之水出焉。

**五老山** 即南普陀山也。五峰森列，如画之五老图，故名。环然相接而旷，其南与太武对，其下为较场埔，演武亭在焉。外有头巾礁，在海中。

**凤凰山** 在城南里许，明池太常墓在焉。今为民居，人多不识其名。其上为榕林，即黄驾部书舍也。

## 国朝黄莲士过凤凰山诗

凤凰山下气氲氲，故老曾传显者坟。
盛世百年风景别，危楼杰阁拂青云。

## 薛起凤题榕林别墅诗

幽栖最爱绿阴浓，绕遍书斋尽种榕。
枕上风声常似雨，墙间日影自翻龙。
朋来共话升沉事，睡觉闲参释道宗。
更有台亭堪徙倚，迎眸不尽水山容。

**鼓浪屿** 在海中，长里许，上有小山，田园、村舍，无所不备。国初，郑成功来厦与定远侯郑联借此，遂并联军。左有剑石、印石在海面。又有鹿耳礁、燕尾礁。

**望高石** 在水仙宫后，巨石一片，下临无地，可望海外。五六月时，每日数百人登此，遥视番船，初见一点，顷刻如山，奇观也。

**打石字** 在虎头山下，一石壁立海边。明防倭时，李逢华〔年〕修筑炮台，镌其费用及时人名姓于此，每字可二尺余。字迹苍老，见之俨然一大幅古字悬挂高崖。

**玉汝〔沙〕** 在厦港。环抱如带，长数百犬〔丈〕，上容百家，税馆在焉。风水淘汰，毫无所损，每商船出港，取数百石作重，终岁不竭，字〔宇〕宙中异事也。

**白石头** 在岛之东，去玉沙十余里，大可十余丈，风水所汰，洁白异常。

**阿弥陀石** 圆耸崎立如佛像，上镌"阿弥陀佛"四字，在东门外。

**魁星石** 状如魁星踢斗，在北门外。

**和尚石** 在洪济山南，叠石成洞，可容数百人，洞内流泉不涸，昔尝避倭于此。

**金鸡石** 在马垅山，石上镌"有泉德邱"四字，不载年月姓氏。

**回堂石** 在店前社西，堆石成山，明经魁陈士兰筑书室于其上。

**离浦屿** 在高崎之西北，以其与薛浦相离，故名。（旧志载明）

**筼筜港** 在城之北，长可十五六里，阔四里许，自竹树渡头至江头社，一弯如带。中有小屿，曰凤屿。又有浮沉石，潮至则浮，退则沉。海利所出，日可得数十金，鱼虾之属，此为最美。

**樵　溪**　出狮山，曲折而西，经天界寺前，下流而汇于水磨坑，达于海。

**水磨坑**　出狮山，经万石洞，过深田汛，至于岳庙前入海。

**双　溪**　其一出石泉，经前园至于桥亭；其一出白鹿洞山下，经靖山至于南门，同流而汇为霞溪，达于海。

**禾灶社前溪**　出紫占山，经万寿寺前，下流而入于筼筜。

**古楼溪**　在古楼社，亦出洪济山，东流入海。

**莲　溪**　出洪济山，至莲坂社前，入于筼筜港。

**带　溪**　出狮山，经白鹤岭下，至于斗硒入海。

**港口溪**　出东坪山，经上李社，至于曾家〔厝〕垵入海。

**石　泉**　在城之东一里许，有石穴如门，可容人出入。内有泉从罅中流出，清甘异常，以之煮茗，香气特发，非他泉可比。日夜出百余担，虽里〔旱〕不竭。

## 国朝黄日纪石泉岩记

石泉岩，岩因泉而得名也。岩无奇以泉奇也。曷奇乎泉，以石奇也。曷奇乎石，石愈多则泉愈冽。积石至于千万，则泉之冽宜千万乎他泉也。泉之来也久矣，旧镌"磊泉"，亦以石多名泉也。又镌于侧曰："孤嶂何年留铁骨，寒泉终古结冰心"，皆重泉以石奇也。去磊泉数丈，又有一泉，衣食斯泉者，多取彼以售焉。然则此泉之奇，不独真者奇，而赝者亦奇。不独寺中之香火、斋粮取给于兹，则寺外之衣食此泉，又有无量大众，斯则奇之又奇也。

**小石泉** 名冽泉，与石泉隔一山，味不下石泉，但出之较少。今其石为人家所在，只泉穴见耳。

**圣　泉** 在董内岩边大石下，清甘与石泉等同。

**附塘埭**

**洪塘桥官塘** 阔五丈，深五尺，灌田十八顷。今废。

**尾　塘** 阔五尺〔丈〕，深五尺，灌田十八顷。现存。

**方　塘** 阔五尺〔丈〕，深五尺，灌田二十顷。现存。

**鸡髻塘** 阔二丈三尺，深五尺，灌田四顷七亩。现存。

**后洋蔡塘** 阔五丈，深五尺，灌田一十二顷八亩。现存。

**古楼徐塘** 阔五丈，深七尺，灌田十五顷。今废。

**欧　塘** 阔七丈，深六尺，灌田四十顷。现存。

**续筑下行陂** 阔三丈，深八尺。现存。

**续后尪厝口塘** 阔十丈，深五尺。现存。

**续后薛尾塘** 阔六丈，深五尺。现存。

**续后洋塘** 阔六丈，深五尺。现存。

**续后墩上塘** 阔四丈，深五尺。现存。

**埭　田**

| 高林埭 | 浦东埭 | 陈处埭 | 曾　埭 |
| --- | --- | --- | --- |
| 薛鹅埭 | 莲坂埭 | 陈　埭 | 新　埭 |

## 街　市

市所以通天下之货也，古者观风命市纳贾，以观氏〔民〕之所好恶，亦綦重矣。今以僻陋海隅而富甲天下，则太平景象之征也。乌得以嚣尘忽之，爰为之志，以垂诸后。

**桥亭街**　在南门外。

**关仔内街**　在西门外。

**火烧街**　在凤仪宫前。

**石埕街**　在怀德官〔宫〕前。

**神前街**　在外关帝庙前。

**碗　街**　横在外关帝庙右边。

**磁　街**　在碗街中，直行向海。

**竹仔街**　在磁街中横列，与提督街连。

**提督街**　在磁街右边。

**亭仔下街**　在中街横头。

**纸　街**　在外关帝庙左边。

**中　街**　在纸街左边。

**木屐街**　在中街左边。

**关帝庙后街**　在庙后横列。

**港仔口街**　在亭仔下街横头隘门内。

**岛美头街**　与港仔口接。

**五崎顶街**　在走马路横头。

**走马路街**　在廿四崎上。

**塔仔口街**　在大使宫前。

**局口街**　在长寮河墘。

**荞〔轿〕巷街** 在荞〔轿〕埕。

**新街仔** 在塔仔后。

**厦门港市仔** 在防厅前,圆山宫下,共二条。

**桥仔头街** 在北门外。

**菜妈街** 在海岸隘门内。

## 河　池

河池所以资灌溉也。在城市既乏田园,似无所用其泽者。然度地居民,既沮洳之不可用,而因利乘便,亦财物之听自出,宁以其无关治忽置之不论乎。至于在官在民,自有所生无容赘也。

**龙船河** 在尾头山前,与海隔一岸。

**长寮河** 在袁厝山下,旧名鲲池。中有小洲,曰桂洲。明傅家物也。今为官也〔地〕。岁征饷两,参府掌之。夏月种蕹菜,甘美异于他处。

**魁星河** 在北门魁星石下,故名。

**柳树河** 在北门外,河〔洞〕元宫边,旧有柳树,故名。今河已满,柳亦无存。地为道衙门挂号厅。

**月眉池** 在西门外傅厝墓前,形如半月,故名。亦种蕹菜。

**双连池** 在西门外上宫下,两池相连,中隔一岸,水可相通,故名。

**岳前河** 在东岳庙前,中有小洲,荷庵在焉。

**演武池** 在澳仔社口,郑成功演武处也。今为民田灌注。

## 租　税

官山府海，皆为国计。正供而外，旁及什征，苟便于民，其作之始与因乎旧均未可议也。行之又久，乃见其宜，岂古制可师。而创之自今者，遂不足以式乎。则盍观其息争止武，基此一举也耶。

### 地　租

厦门地租，于康熙二十八年，靖海将军施琅以咨商等事，详请两院，欲将厦门环海四里之民房、官地估税，修理城池、营房。时布政司以普天王土何得估。就民间租税，修筑城池，遂以汇报等事详请，或照地亩征粮，或就房间收税，充入兵饷。奉文行委粮驿道金同福、防〔厅〕蒋到厦勘丈，将厦门附城环海福山、怀德、和凤、附寨并厦门港四里之房地，共一万五千一百七十五间，冲衢僻巷，分别天、地、日、月、星五则征租。天字号每间屋征银三钱，地字号每间屋征银二钱四分，日字号每间屋征银一钱八分，月字号每间屋征银一钱二分，星字号每间屋征银六分，计银一千九百六十八两二钱四分。于康熙三十四年题充起科，照地丁浩入奏销充饷。三十六年起至四十八年止，节〔逐〕年开山筑海续盖，具报民房一千四百十五间，年征银一百九两二分，悉付四社保长催完，旧赴县纳。雍正〔六〕年，许就〔改〕防厅完纳。兄〔凡〕有新盖房屋，照例报明升料〔科〕，至年终查清造报。现在征银二千一百七十余两，每两加一耗羡，每银一钱，收钱九十七文。

听花户自封投柜，给串执照。照例二月开征，六月停征，七月又复开征，次年三四月内奏销前全完。向将军初请时，民以为病。今各有执焰〔照〕，而民遂安守其业，无豪强兼并之患，故以为有便于民也。

## 渔课米

**东澳** 渔户十七，米二十四石四斗四升。
**塔头澳** 渔户七，米六石一斗四升。
**高崎、石湖、钟宅澳** 渔户二十，米二十七石四斗四升。

## 渡船税

石浔、窦头、后港仔、浔尾、高崎、刘五店、五通、石崎、后港、汪村、兑山、前场、烈屿、琼林、蟹仔屿，共纳税银四十九两四钱四分，解司充饷。

## 保甲

舟车辐辏之池〔地〕、奸宄之所潜踪也。欲善者乐业，恶者远迹，则保甲之法为最良。盖相友相助，而一有不肖者处其间，不惟惧其相累，亦羞与为伍也。是激发之妙术，不在于斯乎。

通厦烟户，市镇设福山、和凤、怀德、附寨四社，乡村设廿一都、廿二都、廿三都、廿四都。编立保甲，令各保长督同甲头，互相稽查奸宄，各造烟户缴查，计共烟户一万六千一百余户。

## 四　社

**福山社辖**　双溪保　外清保

**和凤社（分前后辖）**　张厝前保　张厝后保　黄厝保

**怀德社辖**　岐西上保　岐西下保　溪岸保　岐吴厝保

**附寨社辖**　新和保　连西永丰保　大中保

另厦港保　鼓浪屿保

## 四　都（共八图）

**廿一都**　（一图：五通渡　湖边　黄水桥；二图：店里　高林）

北山保　西宫保　西林保　昭塘保　福相上保　福相下保

**廿二都**　（一图：曾厝垵　小高埔；二图：塔头　古〔鼓〕浪屿　东澳）

保〔何〕厝保　古村保　岭兜保　长塔上保　长塔中保　长塔下保　曾溪保　院屿保

**廿三都**　（一图：莲坂　豪灶　吴仓；二图：中左所　乌石埔　埭头　吕厝）

庆湖保　仙莲上保　仙莲下保　吴豪保　吕石〔厝〕保　厚西上保　厚西下保

**廿四都**　（一图：店前　钟宅　竹坑　蚝口渡；二图：高崎　石湖　坂上　寨上）

店前保　寨上保　护官保　钟宅保　竹坑保　后莲保　湖莲保

## 附各澳甲　稽查船户
神前澳　长塔澳　涵前澳　高崎澳　鼓浪屿澳

# 寺　观

名山大川素质也。无以文之，则暗然无色。故楼台之高，栋宇之丽，所以增景物之胜也。而文人学士遂于此托兴焉。长歌短韵，皆成宇宙之文章。昔人创建意在于斯。不然徒为羽衣缁流，营其宫室乎哉？

**普照寺**　在五老峰中峰之下，左右山上有钟鼓石。寺背山面海。隔海对山，即南太武是也。明末毁于兵。国朝靖海将军始改为南普陀，宏敞庄严，为岛上丛林之冠。其后有洞，水流其下，名曰"六月寒"。其左有小筑曰"云窠"。其前数百步外，为演武之地。其右侧为龙王庙，建于乾隆年间，亦颇壮观。

### 宋尉滕翔诗

海翻波浪绕危峰，无尽岩前此界空。
不是灰心求佛者，片时艰住寂寥中。

### 明池显方诗

十〔千〕年古刹几经灰，重见天花散讲台。
野雾欺人疑结雨，松风刮地每惊雷。
一泓碧水和云下，万点青山拥海来。
若间〔问〕个中真普照，峰头夜半日轮开。

**云顶岩** 在洪济山，一名方广寺。离城十五里，峻峭耸秀，为诸岩冠。山门石，一镌"龙门"二字，一镌"天际"二字，有观日台、留云洞诸胜。

### 明洪朝选宿留云洞诗

洞宿孤云久，我来亦暂留。
身随天路回，情寄野僧幽。
槛外涛声聒，林端雨气浮。
顾谓二三子，高步信奇游。

### 丁一中诗

为爱留云洞，云留客亦留。
青襟同信宿，老衲共夷犹。
月皎诸天净，岩空万虑休。
宁知沧海曲，清卧足奇游。
幽谷成良晤，云踪去复留。
道心元共契，野性亦相犹。
巨海瞻无际，危岩坐未休。
浮生惭骨贱，奇绝喜同游。

### 刘存德访僧不遇诗

入定人何在，飘然云独留。
无心成去住〔往〕，愧我自夷犹。
性旷随麋适，机疏共鸟休。
不期浮海外，更得与天游。

## 刘存业诗

人事成代谢,闲云乍去留。
江和山缱绻,诗共酒夷犹。
天近歌须浩,潮平棹欲休。
摩崖苔藓碧,尘绝喜来游。

## 澹成友诗

涉海栖幽岛,云关几夕留。
烟霞灵境别,尘土故吾犹。
白石饥堪煮,绳床倦可休。
凭将汗漫迹,扳附绝尘游。

## 刘存德题龙门诗

百丈岩头开宝地,九重天际叩元〔玄〕关。
此身直向龙门度,何日更从鹤岛还
无数青山罗海上,居然阆苑出人间。
凭高不尽登临兴,指数凤洲芳草间。

## 叶普亮诗

祖讳复临陟翠峦,生成境界月云间。
满阶苔雨三春湿,半岭松声六月寒。
动石叮当禅后鼓,插香环向刹前蟠。
游人若问开山迹,好向苍碑剔石看。

## 池显方洪济山诗

长川展镜蘸娇颜,几片云花贴翠鬟。
九万里风生足下,八千国土在眉间。
晓钟未动鸡衔日,暮树多寒鸟背山。
一夜何声喧不住,应知虎豹厪天关。

## 又云顶岩诗

新栽松桧已齐腰,秋老芙蓉尚插霄。
烟外家乡才一水,石间姓字半前朝。
但看野色无城市,难判天风异海潮。
白鹭遥汀飞不见,寒云几缕傍衣飘。

**碧泉岩** 在普照寺右,俗呼为石室寺。有泉一线从石流下,林太常宗载镌"飞泉"二大字于石壁。合〔今〕泉已竭,寺亦就荒。

**碧山岩** 在厦门港海防署后左侧,始筑小字〔宇〕,以祀观世音。后僧慈惠渐次辟之,遂成巨观。

**鸿山寺** 在镇南关山腰缺处,古禾山八景曰"鸿山织雨"是也。两山相夹,风北而雨南,风南而雨北,其势如织。

**白鹿洞** 在厦城东门外,旧有大观楼、宛在洞、接因亭。乾隆癸未年间,再拓六合洞、朝天洞、衔山亭。地势高耸,极为巨观。

## 国朝黄日纪衔山亭远眺诗

危亭倚碧空,极目望无穷。

夹海云阴阔,连峰黛色融。
雾开十里画,凉受一天风。
缩得蓬瀛境,移来入座中。

### 又登大观楼诗

嶙峋古洞俯江城,绝顶危楼迫上清。
万点帆樯窗外驶,千家村落槛前横。
参差岛屿遥天渺,浩荡波涛返照明。
老衲殷殷情不尽,还期再到话三生。

**虎溪岩** 在白鹿之北。山门有兴泉永道朱叔权书"海峤东林"四字。门内即大雄殿,殿之左有棱层洞,其上有石厂①,匝以石栏,上镌"摩天"二字,岩之绝顶也。其前有啸风亭,后有飞鲸石。其右为方丈,方丈之傍有石镌"听决"两大字,又镌黄日纪题方丈诗。

### 明池显方啸风亭记

鹭之虎溪山,一名玉屏山,秀峭嶙峋。下有穴,昔虎居之,人迹稀至。乙卯冬,余寻幽到此,心赏奇观,因建刹,名"玉屏"。左为大雄阁、棱层洞、夹天径,后为石室。上为双鲸石,又为六通洞、宛在洞。秣陵将军胡真卿枧〔视〕海上,以磴道纡回,大费游屐,砌石亭于腰,枕山瞰海,名"啸风亭"。夫陟危石者,目瞪多

---

① "厂",音读hàn,山崖石穴。

华，足企多茧，气奔则颤，神泄则摇。故有层峦绝壁以役之，必有刹与洞以休之；有刹与洞以役之，必有亭以休之。而后目不华，可以睨六合，足不茧，可以蹑云衢，气不颤，可以通帝座，神不摇，可以揽太虚。则斯亭其须弥之日，宫宝所之化城也。然则何以曰"啸风"，从虎名也，亦将军自寓也。

## 国朝黄日纪四笑桥记

乾隆庚辰，余归日〔田〕数载，漳浦蔡侍郎葛山、海澄叶进士学海，访余于鹭江，遂同游虎溪。将归，瑞峰长老送别至此。蔡曰："无过桥，恐大空小空，吼动山谷。"适岩大声嘷。叶曰："岂二空耶。"四人相视大笑。余曰："东林三笑，今日可谓四笑。"遂书之，以名桥。

## 明池显方题虎溪诗

松间长榕谷〔各〕屈蟠，诸峰起伏复多端。
过溪何止三人笑，入洞方知六月寒。
杯影频移依怪石，夕阳更爱倚阑干。
几回餐得天风惯，凡骨遂应长羽翰。

## 又　诗

残石疑经蠹，幽山讶有龙。
游人风雨夕，不敢望前峰。

## 何乔远诗

卓地非凡石,干霄尽峻峰。
哲人开慧窍,神秘吐灵趴〔踪〕。
月色明鲛宅,天风散雉墉。
幽期来信宿,新木挹高榕。

## 又 诗

众石黑如漆,子云来守元。
竹书穷日月,地纪划山川。
树老矶终古,雾横岭尚悬。
勋名成遂后,还到草堂前。

## 南居益诗

虎溪间〔开〕绝胜,森峭好安禅。
果向真蓬岛,分来别洞天。
云烟双履底,潮汐一樽前。
吾欠甘泉懒,招游独缅然。

## 又 诗

共扳危磴入,丘壑挹名趴。
节度诗怀壮,将军笔意浓。
波恬思托枕,山静喜开〔闻〕钟。
方石移还恋,初阴几树榕。

## 又　诗

岩石廊层层，寒宵海气澄。
扶携皆俊辈，啸话有名僧。
势豁长鲸衔，心空善虎乘。
周回枫叶路，微月且须灯。

## 又　诗

每忆碧云迎，虚屏已暮花。
美人歌劝客，清怨入胡笳。
山意寒含翠，岩光幻作霞。
盈盈归思绕，林外仿啼鸦。

## 蔡谦光诗

几度幽寻不记年，而今载酒恰春前。
风吹麦浪青寒岫，雾锁潮花碧往船。
怪石环岩皆鬼斧，清茶啖客自僧煎。
凭空翻觉于尘回，何意杯中亦有禅。

## 王用霖诗

叠磴纤岩别有天，溟蒙海气迨非烟。
水光浴日山如动，梵刹凌空石自禅。
景幻海开诗圃窖，香微时现佛灯莲。
幸从胜会飞金屈，买榆何须挂杖钱。

## 张永产诗

一樽谈笑傍诸天，落日光消海上烟。
谁似登高而作赋，那能即律以通禅。
笔不梦彩应留藻，刀为魔降亦化莲。
寂历山林春到后，清和不用买榆钱。

## 何舜龄诗

崔嵬磴道怯跻攀，屐底游云去住〔往〕闲。
一水波恬澄素练，百峰翠叠弄轻鬟。
洞虚邀月寻常到，石峭摹天咫尺间。
坐久顿忘身世想，欲从老衲叩禅关。

## 谢 璿 诗

峭壁悬萝几度攀，岩前野鹤去来闲。
蓝拖〔施〕洞水香生玉，翠结峰头巧作鬟。
时有白云环洞口，可无青草梦池间。
风流屐齿吾家事，漫学枯禅浪闭关。

## 国朝黄日纪题虎溪岩方丈诗

石门幽邃锁钟鼓，岩气含秋景倍清。
槛外云收孤涧冷，亭前木落数峰平。
梵音寂寂僧归定，棋子丁丁客对枰。
鸣鸟自喧人自静，顿从心地悟无生。

### 吴英岁首游虎溪岩诗

枓斗回寅转一年,郊游改换旧山川。
桃开嫩蕊含珠露,柳发新校〔枝〕舞翠烟。
岐海霞光瞻日近,鹭江风暖占春先。
虎溪形胜冲霄汉,砥柱东南半壁天。

### 吴英九日游虎溪诗

九日何须戏马台,鹭门秋色向天开。
东凝紫气风烟静,北度祥云海国来。
峭壁青松垂玉露,层岩黄菊泛金杯。
登高远盼无穷意,写尽还当万里才。

### 谢于诚虎溪同黄荔崖限韵诗

今日棱层是再临,我来听法石门深。
十分秋色迎人远,一片羁怀任酒侵。
声在树间风飒飒,日斜洞里昼阴阴。
老僧煮茗浇狂客,何幸诸君惬素心。

### 黄日纪诗

秋风吹〔催〕我复登临,伏虎岩前石径深。
蜡屐任从青霭湿,衫裾半被白云侵。
寒蝉乱咽松杉冷,晚照才斜洞壑阴。
酒兴渐豪诗兴发,多缘座上有同心。

### 黄国柱同渚公游虎溪岩诗

几行雁字写秋天,逸兴招游世外禅。
拂槛清风凉似水,笼阶密树冷如烟。
洞涵雅度杯中见,缱绻深情峰底传。
仰止常存磨砺志,高山况复集高贤。

### 李正捷虎溪登高诗

九日棱层登未曾,今年高自虎溪登。
登高未尽登高眼,更上棱层第一层。

**醉仙岩** 亦名天界寺,在虎溪之北。岩头镌"仙岩"二字,又镌"天界"二字,寺以此得名。岩前有醴泉洞,明太常少卿池怀绰开造。岩后有旷怡台、长啸洞,国朝黄日纪开造。又有黄亭,僧月松所建。

### 明倪冻记

山距城半里许。山之麓,古传"醉仙",俗循其名呼之,不审何谓。忽小僮见积沙有小窦,匍入特〔持〕一磁炉奉祀。池大夫集耆老募工开凿,中有石瓦,汗滴滴下,聚于石窍。窍深近二尺,水常满,挹尽复满。水浆色,味甘,恍似锡山第二泉,可为酒。其名"醉仙",以此故。乃筑小井,前后各室一区,塑九仙祀之。余以公务至城,陟其上,叠翠并峙,城垣庐舍环抱,足下海潮隐隐有声,兵舟贾艇,旗帜钟鼓之状,或远或近,接应不暇,亦大奇矣。夫方其压于沙砾也,樵夫竖子之所不视。及其成岩，士大夫衣冠拜之，诗酒乐之，终岁无宁日。山岩亦然，况士乎！不遇知己，谁为之开沙砾而显柱石之用？是故，叔向之识叔明，师德之举仁杰，世不称士而称用士者。余生乎〔平〕仰大夫而叹其用未竟，故有感其石而记之。时万历癸未仲春书。

## 国朝释月松黄亭碑记

昔欧阳永叔、苏子瞻尝寓圆通寺，后寺僧建欧亭苏亭以志。山门盛事，盖地因人传，至令〔今〕长垂不朽焉。乾隆辛酉间，荔产〔崖〕黄公读书北〔此〕寺，晨夕盘桓，饫聆元〔玄〕理。洎丁卯官中翰，己巳迁选曹，癸酉转库部，岁岁音问不绝。但燕闽万里，云树迢遥，向时朗月清风，送难辨义之事，渺然不可复得矣。今幸林下数载，炉香茗碗，重话丑生，而官檄频催，岂能久留于此。倘再出山，不知会晤又将何时也。因构是亭，额曰"黄亭"。继欧、苏往迹，以致瞻恋之怀，庶儒唯〔雅〕风流长耀山门，而圆通盛事复见于斯，是亦兹寺之厚幸也夫。庚辰孟秋穀旦勒石。

## 明施德政征倭诗

偏师春尽渡澎湖，圣主初分海外符。
鼙鼓数声雷乍发，舳舻百尺浪平铺。
争传日下妖氛恶，那管天边逆旅孤。
为道凯歌宜早唱，江南五月有莼〔莼〕鲈。

## 李杨次和

樗方〔材〕自分老江湖,袜线深惭佩虎符。
舸舰森森鲸浪静,旌旗猎猎阵云铺。
风生画角千营壮,月照丹心一剑孤。
主德未酬倭未灭,小臣何敢辄思鲈。

## 徐为斌次和

闽南要路险澎湖,元将专担靖海符。
万里艅艎莹斗列,蔽空旗旆彩霞铺。
鱼龙吞气烟波定,蚩蚁驰魂窟穴孤。
天子纶〔轮〕音勤借箸,那思苇〔莼〕菜与江鲈。

## 国朝黄日纪醉仙岩同诸公作

乞归十载鬓毛斑,幽梦长依泉石间。
频约高僧谈象法,更邀名士访云山。
阅来世味无如淡,悟得仙家总是闲。
外〔处〕境不殊心境异,洞中便已绝尘寰。

## 郑莘同诸友游仙洞诗

白云一派锁山腰,为爱山灵渡石桥。
丹灶炉间闻吠犬,菩提叶底戏栖鹩。
豪朋辨难追风起,老衲烹茶扫叶税〔烧〕。
此日浑然忘去意,不知谷口已归樵。

### 张允和题黄亭诗

翠屏千仞挹江天，上界曾栖粉署仙。
数挟奇葩相映发，新开雕槛一澄鲜。
秋城返照浑青霭，海市晦空散紫烟。
胜地高人兼绝唱，风流应并揩〔皆〕山传。

### 黄莲士黄亭诗

孤亭纪姓俯江郊，松竹垂阴绕槛交。
僧做欧苏当日事，又留佳话在岩坳。

### 林遇青步古萝师游醉仙岩原韵

千年洞壑喜重开，携酒岩顶〔颠〕醉几回。
前度井梧初坠叶，此游莨琯已飞灰。
苍茫岚翠连天远，浩荡江潮入眼来。
顿觉胸怀诗思豁，挥毫石壁扫青苔。

### 又秋日游黄亭诗

清晨寻古刹，缓步到亭东。
密树盈岩下，危峦压寺中。
凭栏临海阔，极目望大空。
夕照斜林薄，霜枫色倍红。

**万石岩**　在城东门外二里许。沿溪而行，至一石门，上镌"锁云"二字，郑成功刺郑联处也。再行数百步，有石如象鼻，李暲镌"象鼻峰"三字于上。至山门，两石夹道，有水蓝色，架大石桥通之，名曰"德寿门"。内则为大殿，殿后大石上镌"万笏朝天"四字，约尺〔高〕一丈有余。旁有亭，旧名"一览"，可以观海。其下有洞名小桃源，纡回曲折，人从石中行，宽处可坐数十人，计半里许。洞门原有"渔问"二字，张瑞图书也，令〔今〕为人所匿。

## 明黄克晦诗

结伴遥寻太乙家，峨峨万石映孤霞。
座中峰势天西侧，衣上萝阴日半斜。
风榭无人飘翠瓦，云岩有水浸苔花。
何年更驻苏耽鹤，静闭闲门共招砂。

## 国朝黄日纪万石岩诗

鹭江富名寺，万石独称最。
包罗兼〔万〕众有，变幻诚无外。
危楼纵遐览，飞奔与日会。
烟火亿万村，城郭横绣绘。
前有海无际，空阔不可奈。
蜃气常出没，青红浮杳霭。
后有松数株，倚立悬高旆。
清风与吐吞，时时发幽籁。
旁有洞嵌空，石罅乍明时〔昧〕。
曲折穿羊肠，鸟道狭如带。
洞中如深甗，团团露其盖。
泉脉长潺湲，末流潴清濑。

伛偻出深穴，脱然蝉离蜕。

恍惚难穷诘，造物弄狡狯。

**中　岩**　在万石、太平之中，山门题"欢喜地"三字。入门有亭，俗称为将士亭，以其祀澎湖阵亡将士，故以为几，拾级而上，有石当户，镌"玉笏"二字。寺在半山，前有大石，环石栏以为庭。下临深谷，自下而观之，俨然空中楼阁也。

**寿山寺**　去城东里许，俗呼为半山堂。以其在市与山之半，故也。

**觉性院**　近薛岭，原极广大，常住僧九十余人。寺二座相连，不下普照。今尽坏，只存数间祀佛而已。

**后　院**　一石〔名〕资福，就近洪水桥，去城二十余里，在平地处。寺前宽坦，郑氏尝闻〔阅〕兵于此。

**白鹤岩**　在白鹤岭。去城里许，常有鹤栖其上，故名。旧为大道，筑石为门，建石亭于门右，岩在亭南。明岛上有能诗者遇〔过〕此，得"野云度岭疑归鹤，涧水流霞想落花"二句。绘以为图以献尊官，极加赞赏，由是知名。

**金鸡亭**　明洪武间，里人掘地于此得金鸡，因建亭跨其上，故名。今为往来孔道，门对筼筜港，晚潮渔灯明灭水上，亦奇观也。

**宝山岩**　即董内岩，在吴仓社后。地甚幽僻，旁有泉，曰"圣泉"。相传宋幼主尝掬饮之。禾山有四泉，此其一也。

**瑞眈庵**　在鼓浪屿，与水仙宫相对。旧为天妃庙，俗呼为三丘田。前临海，后负山，小舟直抵其下迫殊甚。令〔今〕寺僧募筑十数间，有楼有亭，颇觉宽敞。

**日光岩** 在鼓浪屿,有石壁立千尺,镌"鼓浪洞天"四字。旧惟石室半间,矮屋数椽而已。僧瑞球募辟之,左为方丈,其上为地亭,又有小洞,堪以避暑。门东向大海,一望无际,常见日浴海中。

### 明丁一中诗

须弥为世界,大块得浮丘。
岩际悬龙窟,寰中构屋楼。
野人惊问客,此地只邻鸥。
归路应无路,十洲第几洲?

### 又　诗

一水分烟峤,沙舟客共登。
崇岩参古佛,仄径蹑云层。
遂作凭虚观,因逢彼岩僧。
何能拖绂冕,长此觅三乘。

### 国朝黄日纪重至日光岩访惠航上人诗

几度相过不厌频,眼前好景逐时新。
江船惯坐榜人识,岩户屡敲山犬驯。
说法自来参正谛,交情因久见天真。
公能妙悟如支遁,我却谈禅愧许询。

### 又同诸友泛舟鼓浪屿游日光岩诗

水面风凉暑气收,榜人遥指到龙头(地名)。

才知地僻人烟静,更觉岩高木叶秋。
屋角窗窥凌海席,寺前门对隔江楼。
好将诗社追莲社,黄菊花开续旧游。

**紫云岩** 去醉仙岩半里,路甚曲折,樵溪之水出焉。因溪中石架小桥以通游屐。旧名"达中庵",祀文昌之神,故又改为"紫云"。其下有小洞,洞中泉清而列〔冽〕,胜于他泉。其左有洞,曰"蛟洞",遗址存焉。蛟洞之旁,有果岩。果岩之后,有碧莲寺。又过樵溪,其高处有高读岩,相传为郑氏读书处。今皆废。

### 国朝黄日纪九日同集紫云岩石洞诗

佳节岩头玩物华,最怜深洞绝喧哗。
红尘远隔三千界,野菊先开九日花。
石罅嵌空安笔砚,泉声历落胜箫笳。
登高从此添新话,半是山颠半水涯。

### 蔡天任紫云岩水洞听泉诗

潺湲一泓紫云泉,缭绕遥经白石边。
倾耳静听流水调,却疑钟子写冰弦。

### 黄贞焕紫云岩水洞听泉诗

玉韵清泠一道泉,流从云窦出诸天。
石床闲坐支颐听,恰似人间奏管弦。

**荷　庵**　在城北门外岳庙前，池中大可一亩，植竹为垣，道以石桥。庵外余地，僧自种蔬以佐羹饭。始为民书屋，僧冽博购之，兵部主事黄日纪题其额曰"清池皓月"。

### 国朝黄日纪冒雨游荷庵诗

晓来游兴发，不避雨沾〔沾〕巾。
料理登山屐，沿堤踏翠茵。

### 又　诗

衫袖何妨湿，贪看岭上云。
今朝诗景好，借此洗尘气〔氲〕。

### 又　诗

东风添雨力，飑柳拂禅门。
一幅新图画，烟笼祇树园。

### 又　诗

云公爱狂客，尽日罄交欢。
满座如泥醉，添杯兴未阑。

### 又　诗

夕霁云消尽，晴余翠满山。
春怀添潦倒，日暮不知还。

### 郑莘春日同友人游荷庵诗

池环十笏俯清阴,远隔尘踪烟水心。
结杜〔社〕每缘高士约,敲诗兼和老僧吟。
波光夜度江城柝,柳色春遮祇树林。
对岸喧嚣虽近市,此中何异入山深。

**万寿岩** 在阳台山之东,去将军祠里许。四周皆松,古禾山八景,曰"万寿松声",此其一也。寺后有天〔大〕石镌"无量寿佛"。左有石洞,塑普陀山一座,旁石镌明人诗三〔二〕首:

万丈峰峦耸目前,不须雕巧出天然。
空涵石瓦生春色,炉爇旃檀起瑞烟。
自信明时无隐逸,还疑僻处有神仙。
公余正好谈元〔玄〕妙,又统三军过海边。

幽岩屹立梵宫前,片石呈奇瓦俨然。
峭壁罅虚寒漏月,博山香爇暖生烟。
高僧煮茗能留客,樵子观棋每遇仙。
说罢禅机登绝顶,恍疑身在五云边。

### 吴楷诗〔词〕

一片瓦,一片瓦,造化陶镕元〔原〕不假。峦连上覆碧峣嶒,瓴达〔建〕周遭翠潇洒。巉岩叠块胡孙头,怪石低昂乌兔马。几番风雨洗莓墙,千古月叶穿破厔。掬灵泉,度杯罟,金缕歌,玉板鲊,览胜朋侪邀我要〔耍〕。安得仙人王子乔，一双飞舄游天下。

**太平岩**　在万石之东，中岩之上。高踞山巅，有石如开口状，镌"石笑"二字。行数武，又一大石，镌"极乐天"三字。寺旁有小洞，可容数人，水流其下，盛夏处之，爽快异常。岩旧为郑氏读书所。

### 柳仙石笑诗

但见石开口，不闻石有声。
夜因吞月色，朝为吐云情。
吸露千年饱，餐风一味淯〔清〕。
太平真好景，长笑息兵征。

### 国朝黄日纪游太平岩诗

太平古刹建何年，秋色凄凉冷暮烟。
洞口木棉飘坠叶，云头石笕引流泉。
卷帘遥岫层层出，望海轻帆片片悬。
花落鸟啼无客到，老僧扶杖倚檐前。

**惠月寺**　在深田内，令〔今〕破废。昔有联云："惠月一轮光鹭岛，深田数亩涨嘉禾。"

### 附尼庵

**释仔寺**　一在小走马路，名曰先山寺。
　　　　　一在厦门港溪仔墘。
　　　　　一在外清。

　　　　　—在莲坂浦南。

　　　　　—在选〔先〕锋营。

**大悲阁**　　在东门外。

**转榥阁**　　在东门外。

# 卷之三

## 风　俗

有人心，然后有风俗。风俗之淳漓，人心之善恶，所由见端也。厦为四方毕集之区，好尚不一，而向背顿殊。惟士习一节犹为近古，其余冠婚、丧祭、岁时、伏腊之事，多从其侈，官斯土者，宜有以饬之使返也。

## 岁　时

**元　旦**　各家焚香，开门，放爆竹数声。官府互相庆贺，士庶亦然。至初四日，各用牲礼，祀其所祀之神，名曰接神。初九日，各庙燔柴，名曰祭天。

**上　元**　是日，各街巷皆张灯结彩，弹丝吹竹，以庆太平。前后三五夜，演放花炮，或扮人物故事，竹马龙灯，遍处喧闹，或作灯猜，或唱词曲，无所不有。读书之人，每于元夜迎魁，办纸灯分别芹、桂、杏、桃及瀛洲台阁诸物，以为嘉兆。或二年一举，三年一举，其事始于雍正年间。在厦港紫阳祠起，后遂移于城内仙殿，即今玉屏书院也。

**二月二日**　各街市演戏，前后数十日，名为土地寿日。

古未尝有，十余年来始有此风也。

**清　明**　前后十日，人家各祀其先，并往坟上挂纸，以示不忘，且使人不敢萌侵削之念。是日，妇人亦多至冢上巡视亲坟，虽曰浇风，其沿也久，不能卒变。

**三月三日**　俗呼为三日〔月〕节，人家亦多祀其先。在乡间则有之，城市则不尽然也。

**端　午**　人家皆悬蒲艾，裹粽饮酒，浴兰汤。先一日，官府相馈赠，士庶亦然，生徒送礼仪于馆师。是日，海上斗龙舟，观者如蚁，共有三四日。至初十以后，各渡头搭戏台演戏，或至一月或至半月，皆舡仔船为主，硬索行家及各船户之钱为之。此亦十多年来之敝俗，古所未有也，官斯土者急革之。

**七　夕**　是夜，原名乞巧节，人家多设瓜果祭织女星。书馆中则列酒食，以祀魁星，呼为魁星诞日。

**中　元**　俗呼为七月半。各家皆买银纸祭其先世，或前或后，不必皆同。一月之内，各街市、乡村及僧寺、道观，皆设〔盂〕兰盆之会，赈施无祀者，名曰普度。费用多寡，无可计数。

**中　秋**　先一日，官府以礼物相馈赠，士庶亦有之，生徒置酒馆中请其先生。是月，街市及乡村皆演戏，祀土地之神，周一月而后已。此古例也，与二月不同。

**重　阳**　是日，士庶多延亲友往山岩饮酒，名曰登高。儿童或制纸鸢，在山上顺风放去，以斗高下，名曰放风筝。

**冬　至**　谓之亚岁。文武官皆有贺表。是日，各相称贺。人家皆制员〔圆〕祀先世及所祀神。乡村则是日于祠前演戏作乐，备酒筵以祭其祖，名曰冬祭。

**冠笄** 男女同日，男家卜日送与女家，冠日前，男送裙袄首饰之类，女回以荷包浴巾。至期，男肃冠鬓用红丝十二条，长与发齐，同为一辫，沐浴加冠，设酒食召亲戚朋友。女用女人梳发理鬓，名曰开面，亦以酒食燕女宾。贫富大略相同，冠鬓多用辰巳生人，从俗尚也。

**婚娶** 婚娶之礼，贫富悬殊。贫者行聘，用豚烛及聘金多少，约略行之。及娶，以轿一顶，亲戚数人，至女家迎之。嫁女者亦用布素衫裙，准备洗换，犹为近古。富者行聘，则全猪、全羊，绫缎聘金，各从其厚。新人凤鞋饰以金珠，其值数百，且以鼓乐送之；女回以文房四宝，袍套靴袜，甚至以银为魁星，示人华广〔靡〕。及亲迎时，先结彩轿妆饰花鸟，费数十金为之，鼓乐数十队，亲朋数十人，在轿前同行，名曰伴行。三朝谒祖拜茶，尊长以礼物为赐，谓之压拜。新人用被帕、荷包馈亲戚。女家遣弟侄带豚包花粉探房。四日回礼，仍以鼓乐行之。至晚归家，女家送席面、糕品，俾男家分赠致贺者。

**丧礼** 丧礼之失，尤不可言。贫者敛用布素成服，以后朝暮致奠，做七亦不过薄具牲礼，以表厥心而已。富者则殡用绸缎，棺用佳木，成服必以浮屠。每逢做七，礼佛拜忏，甚至打血盆地狱，以游手之人为猴与和尚，搭台唱戏，取笑男女。其尤甚者，用数十人妆鬼作神，同和尚猪猴搬〔扮〕演彻夜，名曰杂出。男妇老幼拥挤观看，不成体统。而居丧者自为体面，灭绝天理至此极矣。及出葬，则又用鼓乐香亭，大吹大擂，越礼犯分在所必有。其最可恶者，误听地理师拣择风水，将棺柩藏数十年，或至时异势殊，不能归土，暴露中天，惨不可言，虽官府有禁，不闻不知，尤为不孝之甚者也。

祭有四时及忌日之别。贫者略尽其诚而已，富者则肆筵设席，于是日，邀请宾朋并馈送祭物，不一其事。

饮食衣服随时变易，难以枚举。惟槟榔一物最为俗尚，每日费民财甚多，不可不禁。然闽地以是物辟山岚之气，故虽可恶，自不可革，势使然也。

厦地店屋向来高不过一二丈，偶尔失火，易于扑灭。今因地窄，竞事崇高，至五六丈余，妆饰楼阁。对街之店，栏槛相交，如同一室。故一经火灾，便延毁数十间，或至百间，无可着力救止。其害甚不可言，然积重难返，谁为之剔其弊耶。

## 流　寓

人苟无足重轻者，虽生于斯长于斯，且无有过而问之者，况其为羁旅乎。唯操行立品卓有可观，故无论为贤士、大夫，与夫山人、墨客，均堪深〔后〕人景仰，皆纪载之所必及也，宁令其没于风尘奔走间哉。

**明**

**朱术桂**　字天球，号一元子，明宁靖王。南都破，挈其妃寓岛上，葛衣幅巾，如未尝有爵禄者。善书画，有求辄与，后移寓台湾。癸亥，郑氏归诚，王与其妃皆自缢，作绝命词曰："慷慨空成报国身，厌闻东土说咸宾，二三知己惟群嫔，四十余年又一人。宗姓有香留史册，夜台无愧见君亲，独怜昔日图南下，错看英雄可与论。"（详台府志）

**曾　樱**　字仲含，号二云，临江人〔峡江人〕，万历丙辰进士。居官廉洁，似海忠介，历任至工部侍郎。乙酉，以工部尚书召入闽。辛卯，浮家鹭岛。城将陷，家人请登舟，公曰："此一块清净地，正吾死所，岂复泛海求活耶"，即自缢。

**徐孚远** 字暗公，江南华亭人，崇祯壬午举人。长于葩义，与同郡陈大樽、夏彝仲齐名。南都破，避难厦门。郑氏待以客礼，间道奏事永历，奉使安南，作《安南纪行诗》传于世。自去江浐，栖星槎几二十年。垂老更适台湾，挈家佃于新港，躬耕没世。

**辜朝荐** 字在公，广东潮州人，崇祯戊辰科进士。鼎革后，闻郑氏举兵海上，挈家依之，及往台湾，复移家从焉。孙文麟，康熙庚辰进士。

**王忠孝** 字愧两，惠安人，崇祯戊辰科进士，累官兵部右侍郎。明季闽乱，倡义起兵。后渡海依郑氏，居曾厝安〔垵〕十三年，复从往东宁，崎岖冒险，矢志不移。尝自谓：自信此生罔敢失节。

**郑 郊** 字牧仲，兴化莆田人，明贡士。值鼎革闽变，避难入厦门。清介博雅，出入只方巾布衣，与里人郑慕生、义门王肖槐交最善。弟郑，字奚仲，亦负气节。林西仲尝赠以诗曰："郑君兄弟瑚琏姿，胸罗万卷临山陲。屏迹城市三十载，高风同为海内仪。"其推重如此。

**沈佺期** 字〔号〕复斋，晋江人，崇祯癸未进士，授吏部郎中。

**郭贞一** 字元侯，崇祯庚辰科进士，官御史。

**纪许国** 字石清，崇祯壬午科举人。

**陈永华** 字复甫，为诸生，刚正有气节。父鼎，为同安教谕，王师陷城，不屈而死。永华逃入厦，依郑氏，乃与其子为故衣交。及子嗣，甚见亲信，军国大事悉以咨焉。以父鼎死于难，终身不主降议。甲寅，郑经东渡，以永华为总制，居守东宁。子梦球，康熙甲戌进士，翰林编修。孙还复，中庚辰进士。

**蔡　政**　字拱枢，漳州人。方正有胆略，累官至协理刑官，又尝摄思明州。时军需迫切，人苦征役，政殚心抚字，民赖以安，岛上称之。

**郑魁万**　晋江人，寓厦业医。父葬晋江，赐恩山庐墓三年，遇虎不惧，郡太守许延绍旌其门曰："孝行可风"。兴泉道佟沛年复表其墓曰："笃念明发"。于是郑孝子之名著于世。墓在虎头山侧。

以上十二条皆采《厦门志略》。

## 品　行

人必有所得，苟有所得，皆足不朽，忠臣孝子尚矣。其他一言一行堪为世法者，亦宇宙所不可少之人。岂必才全德备，而后为史册之光哉。谨集其类，分为数等，曰文学、曰武功、曰善行、曰循绩，而总名之曰品行。

## 文　学

**唐**

**陈　黯**　字昌晦，一字希儒，颍川人。十岁能诗。举进士计偕十八上，不第。黄巢乱，隐于终南山。后徙居同之嘉禾屿，号场老，读书养志终其身。所著有《辨谋》等篇，裁

〔载〕《唐文粹》。遗书三卷,约大易虚一数四十九篇,名曰《裨正书》。至朱文公簿邑时,得书于其家,而为之序,谓其"微辞感厉,时有发明,义理之致,而切于名教,可谓守正循理,不惑之士矣"。

**薛令之** 字君珍,福安人,神龙二年举进士。开元中,累迁左补阙兼太子侍读。时东宫官冷落,久次不迁,令之题璧曰:"明月上团团,照见先生盘。盘中何所有,苜蓿长阑干。饭涩匙难绾,羹稀箸易宽。未可谋朝夕,何由度岁寒。"元〔玄〕宗幸东宫见焉,以其怨望,续书其后曰:"啄木嘴距长,凤凰毛羽短。既嫌松桂寒,任逐桑榆暖。"因谢病徒步归。久之,元〔玄〕宗闻其贫,命有司资其岁赋,令之量不肯多取。肃宗立,以旧恩召,已逝矣。因敕其乡曰廉村,水曰廉溪。令之晚居鹭岛。所著有《明月先生集》,今亦不存。

## 宋

**林棐** 字彦忱,店里人,登元丰八年进士第。通判沂州,以行〔治〕河劳,赏骤迁郡守。部使者荐拔大〔太〕府少卿,有诗文行于世。

## 明

**王高立** 名贤继,以字行,明诸生。积学励行,与同里廉吏杨逢春交最善。作《毛诗小传》十六卷。乡人因所居之地,称为清溪先生。族中多贫窭,邑征粮急,高自出金代之输。县令高其义,表其堂曰"义方"。后以次子觐服官,封征仕郎。年八十六岁卒,祀乡贤,陈道基为立传。

**池显方** 字直夫,号玉屏子。为诸生时,南居益视师海上,以诗文见知。与蔡复一、何乔远厚,所交皆一时知名士。

文誉远播，性好佳山水，善古文词，其所作率飘逸空灵，不可方物。诗尤精逸绝伦，为钟伯敬所推服。所著有《晃岩集》《南参集》《李杜诗选》。

**叶后诏** 字伯俞，岭下人。为诸生时，试屡冠军也。直夫称其文"立海奔山，穿云裂石"。崇祯甲申，应岁贡。京师陷，未廷试而归。以诗酒自娱，与徐暗公、郑牧仲辈为方外七友。著《鹚草》《五经讲章》行世。

## 国　朝

**郑得潇** 嘉禾人，为诸生，一试不遇遂弃去。沉酣经史，年九十余，犹手不释卷。著作甚富，最著者《五经通义》《易研》《文学指南》《史统》《人字图说》。

**刘天泽** 字履臣，厦之北门人也。由龙溪学中式，授武平教谕。性和易，为学笃志力行。教生徒以切实为务，游其门者，多所成就。著《四书述酌》，折中至当，士咸宗之。

## 循　绩

### 宋

**薛舜俞** 字钦父，绍熙元年登第，教授南剑州。未上，三府交荐，差江南漕司干官，堂审除吏部架阁，以言者罢。复起江东常平干官。与其长李道传赈荒，多所全活。改秩知金华县，守督宿逋苛峻，引谊力争，宽期示信，民悉乐输。罢归，卒。工文艺，有《文集》及《易抄》《诗指》等书三百余卷。

**薛舜庸** 字惠父，继其兄登第，调龙溪尉。以赏改分宁丞，知古田县。民间牛死，旧输钱于官。舜庸叹曰："民不幸失牛,又责其财,是重困也",立命除之。增邑庠廪饩,建阁藏书,以惠生徒。通判兴化军,未上卒。

## 明

**杨逢春** 字仁甫,嘉靖己丑进士,初授昆山令。县素号富饶,而一毫不染。行取至部,授浙江道御史。痛恶依阿澳忍之习,遂杭〔抗〕疏论两京九卿大臣之脂韦者十余人。擢岭南佥宪,寻擢湖广参议。性孝友,与其弟不立私财,居乡敬老慈幼,不以贵倨,乡人悦慕。升云南按察副使,未任而卒。称西渠先生,崇祀乡贤。

**傅 镇** 字国鼎,嘉靖壬辰进士。由行人授南京御史,已念母病请归。旋补广东道御史。未几,按真定,又巡山东。妖人谢汉、商大常作乱,擒获党与〔羽〕,公论杀首恶,余悉出之。入署河南道,当大计。权相严嵩欲黜观察一人,镇不从,憾之,出为河南宪副,转参知粤西、浙江右布政,迁湖广左镇。在粤西时,有议逐流民者。镇曰:"彼亦民也,况间有师儒医卜商贾之属,可裨我民,奈何驱之。"既辖楚,进右都御史,提督操江,风裁凛凛,豪贵敛手。人目为傅虎,及行法拟决,出于仁恕,人多德之。故扬历藩臬,渐致大位,中外倚重焉。

**池浴德** 字仕爵,幼聪慧,十岁能文,二十六举于乡,联登进士。初令遂昌,听断明决,号一升池,以升米便可了案也。迁南考,功转北勋司,历文选司,转太常少卿。适有册封之命,即告归,家居三十七载,率布衣蔬食,日课诸子,自为文以式。尝训子孙云:"毋滥交,毋惹事,毋衣罗绮,毋想膏粱,毋恃贵凌人,毋挟长加少。"又云:"读书岂尽取科第，时时照管此念头，毋负天地祖宗，使〔便〕为天地肖子。"所著有《怀绰集》《居室篇》，皆道学经济语。人称明洲先生。子显京、显方，举人。

**林应翔** 号负苍，万历乙未进士。令永嘉、京山，擢户部郎，督储凤阳，出守汝宁。调广州仅三月，决积牍千六百卷，平反死狱八十余。一日，以闽广开籴争议，即弃官归。杜门却埽，借导引自晦。尝作念不先生传，谓其"为文不古不今，功名不浮不沉，仕宦不秽不清，治产不缩不赢，躯貌不高不低，才情不巧不痴，于物不兜不撇，于人不热不冷，里评不善不恶，人品不雅不俗"。盖自为传神云。

**林宗载** 字允坤，号亨万，万历丙辰进士。初令浮梁，有无赖缘珰棍，献民间山产，假为上用，一邑惶骇。公察其奸伏〔状〕，置之法。厘剔粮弊，人服其精明。以治行入为兵科给事中，历户、刑左右，进户科都给事。时边费无度，山海饷费月二十九万，公请旨查核，省去七万。又疏："因饷核兵，因兵核官"，切中时弊，进大仆卿，摄太常事。怀宗即位，祭告大兴〔典〕，皆公秩之。升太常寺卿，疏乞终养归。书"还淳"二字于里间。年七十卒。

**王觐** 字正朝，别号苠吾，为山东宁海州通判。山东故多旱蝗，岁饥则民相食。觐曰："此皆长吏无救荒之法耳！"因建义仓，自斥千金为之，丰则积之，荒则散之，二十四县效焉。民感其泽，立祠事之。以廉能，升福府审理。归著家训，令子孙必同居，后嗣遵其训，至五世不衰。岛上称"门义"。何乔远为立传。

**杨乔椿** 万历壬午举人，孝友谨厚。初知东流，矢志清白。尝一夕，署中绝粮，不欲昏时出票，第令家人供面而寝。屡荐擢，守山东平度，在州清净，竟卒于官。

**叶翼云** 字载九，号敬甫，嘉禾莲坂侯乡人，崇祯庚辰进士。知吴江县，初至岁大旱蝗，缓征平籴，捐俸设粥，步祷龙祠，日行数里，立法驱蝗，蝗皆队〔坠〕水死。是岁虽灾不害。旧例监门锁钥，县丞司之，多为宦要情禁。公至，清监即出之，索交锁钥。由是良民不为势害，一切弊政尽行禁革。如钱粮年该五十三万零，分头悉除，民皆悦服。任满，民诣阙恳再留。逋粮未完，民投柜输将，由是纳者恐后，数日完粮二万七千五百有奇，投柜者不用。以修理承天内〔寺〕升清吏司郎中。时议者以国帑诎，欲因亩加赋，公条上其不便，所省六万。时蠢动周行城郭，相度形势，令城外四周皆康衢可驰马，其中增筑台舍，尝自戎服阅兵郊外，夜复巡行阛阓间。十七年夏，北都变闻，不轨者汹汹思乱。公廉得其主名，立捕杀之，一邑恬然。尤好奖拔才士，培养善类。迁刑部主事。乞归，吴民思之不置，立生祠，易代更新焉。后守同安，城破被获，不屈，与其弟翼俊死焉。

## 国　朝

**林云岚** 字龙辅，号定轩，康熙丁酉举人。授江西泸溪知县，洁己爱民，兴利除弊，邑有漕米三千，旧例每石折银七钱，纳官代办。后价昂贵，官每借以侵牟。岚下车即申详当道，奏准定例，自此民免受累。癸亥，江右大荒，民取泥充饥，名曰观音粉。岚劝富民捐谷以济，又将常平积贮，不照粜三存七为倒〔例〕，申请权变粜七存三，多方筹划，饥赖以安。卒年六十一。

**王凤来** 字瑞周，号竹山，龙溪之新岱人也。幼从父住〔往〕台府，入凤山学。遂由岁贡补漳平训导，升苏州府同知，终兵部武选司员外郎。历官中外三十余年，所至俱有治绩。其在吴郡时，监漕储，押运艘，仍督采塘石，经理客逋，皆弊绝风清。太湖支港极多，宵匪易潜，大吏以公素笃实精明，调驻东山，奸民闻之，敛迹远遁。逾年迁刑曹，引见，龙颜大悦，特授怀庆府。怀民苦丰稔河沙淤，争水致讼，历百余年。公规划开浚，率河内、济源二县发丁夫，决壅塞，引沁水通其流，河以开广，两县田悉变为膏腴，民至今德之。郡有怀仁书院，公课士，月必亲至，择尤异者奖劝之。是科七邑登贤书者十一人，而书院居其三。太史卫肃，亦所拔取者。在兵曹，以母老假归，卒。所著集，各以所居名，藏于家。

**林翼池** 字凤宾，号警斋，嘉禾里塔头人也。少颖异，美丰裁，年十九，学院戴公取冠邑庠。雍正壬子举人，乾隆乙丑进士。选湖北来凤令，县系苗疆新辟，未有城郭，甫下车即请建城。向无学校，民不习经书，固谋兴学，亲为考课，民始知学。来俗聘礼，以鸡酒为定，不设婚书柬帖，每致强婚滋讼，无所凭据，乃为颁示婚函印记，使有所执，而男女正婚姻。时居父母丧者，既除服，遂焚主废祀，不知忌祭，教以设龛藏主，岁时祄祀，而民知孝。来邑苦食盐高贵，价倍于米，商人年缴例金八百两，却而不受，且为定价，勒石久远，民歌其德。来毗西阳州，争界仇杀，诣勘厘定，地方以宁。邑旧未有志，公捐俸创修，独出手裁，而风土人情，了然指掌。以母老乞归终养，上可其请，百姓莫不来赠刘宠之钱,借寇君之年,攀辕祖钱,坠泪竖碑。生平所著有《尚书捷解》《读史约编》《鹭洲拾草》《远游闲居集》《知以集》等书行于世。

**刘承业** 字垂恢,号鹤田,戊辰进士。任江西铅山县。邑饥,宪檄发粟三千行赈,承业以鸿鹄遍野,拯济不敷,遂发六千,捐俸垫补,民沾其惠。又以鹅湖书院为朱、陆讲学之所,倡振文教,每岁费银六七十两,释菜必亲往,铅绅士感焉。性耐烦剧,凡有审断,无论寒暑昼夜,不求自逸。其接物待人,和蔼可亲,又实以肝胆相照。故望其丰采者,率皆爱慕不置。以母老欲求终养,而未得其便,忧思成疾,竟以民事卒于驿邸。

## 武 功

**陈伦炯** 字次安,号资斋,同之高浦人也。移居鹭岛。幼事帖括列籍成均。以父都统昴赍赍折谢恩,奏对称旨,发交制府补用,委署台湾南路参将。请建凤山邑城,督理有方。陟台协副将,筑海岸护安平夷城,特晋总兵。旋调高廉雷,革洋舶陋规。以台任内参勘不实,降调效力浙江,署大荆游击,复补澎湖副将。未几,镇苏松,调狼山。表奏巡阅。以母疾驰归,亲调药石,昼夜不离,四十日不倦。后提督浙江,励己率下,购小白山,埋吾闽之商于宁者,又建资福庵,置田以为祭费。缘营兵为盗,致议处分。以母年高多病,未及赴京,奉母以归,日承色笑。既葬,以勤劳疾,卒年六十四。著《海国闻见录》行于世。

**胡贵** 字尔恒,号洁峰。少游国学,比长,有膂力,由行伍以缉海洋盗,升千总。后镇苏松、崇明、潮琼,提督全粤。调福建,仍调广东,所至多惠声。在崇时,值海水高涨,坏民居,亟商崇令发仓,令以申报为辞。贵曰:"民死在顷刻,有谴吾自当之"。即发仓,仍飞折奏闻,拨帑金十八万、谷二十万,又截漕赈济,民赖以安。在广,值王亮臣之乱,躬勒兵镇之,与制府由华峰、兰汾,分道进搜之,攀崖度险,擒首从二百余人。事闻,赐赉有加。以勤劳卒于官,年六十四。

## 善 行

**唐**

**薛 沙** 令之孙,福宁人。尉龙溪,因徙居嘉禾屿,与宰相陈夷行子孙皆居于此,号南陈北薛。五世至文偓,任司农卿,其裔颖士,元祐中,复举贡士,有文名,终将仕即〔郎〕。

**明**

**陈乾通** 店前人,场老之后。富而好善,子孙满前,寿九十五而终。孙华玖,领宏〔弘〕治戊午乡荐。

**王 德** 字俊明,外清人。师蔡虚斋,精研理学,下笔千言立就。称诚斋先生。

**池 杨** 字春台。生时室有异光,笃学力行。子浴德将令遂昌,告之曰:"世积俭勤,于席祖荫;追思昔日,官期清白,戒儿曹,努力将来。"浴德行之,故所至有廉名。

**王民毓** 字含淳,性侃直,不可干以私,教子必以义方。遵父觐遗训,子侄合居,事老兄,抚弟妹,曲尽其道。孙家奖，康熙癸未年贡士。

**池浴云** 字仕卿，别号龙州。幼聪慧，好读书，筑精舍于五老山下，有客至必与醉。常吟曰："酿成白酒缘留客，散尽黄金为买书。"及没，乡人思之，为镌"龙洲卧岗"于山石。

**池浴沂** 号鹭洲。淳厚质素，自子矜而国学，布蔬淡泊，年七十余，眼光如电。子显充，领乡荐。

**林嘉采** 字景则，应翔次子，中崇祯壬午顺天经魁。留心理学，尝谓其甥郑得潇曰："士贵立品，与圣贤俎豆相映，对寻常青紫不足艳也。"其品第类如此。

**王弼琯** 字熙辅，号肖傀，外清人。孝友好施。自其祖觐命同居，至琯主家政已五世，而义门之名益著。将卒，呼子孙以戒之曰："务积德，毋务积财，财有聚散，修德可长有令〔今〕名也。"

**王家振** 字奏玉。能琴善诗，而孝友尤著。其叔病，亲尝药汤，衣不解带者三年。从弟家会足疾，学外医治之，四年不息。

**池显京** 字致夫。温厚纯笃，工书画，考廉仕。及归，未尝一字于有司。

**郑　师** 字延肃，号东石，溪边人。仁厚好施。值凶年籴米赈济，遇骷髅辄埋之。临终时，自知死期，凡亲友欠借契约，悉焚之。及卒，比邻皆为持斋，以资冥福。后人号其所居处为菜妈街。孙润中，官至大同府知府，诚中，丙戌明经。

## 国　朝

**陈祈猷** 事继母，能得其欢心。海警时，索饷亟〔极〕，四弟病虚被掳，奔代拷责，苦楚不辞。外出所得，分给诸侄，有无父者，皆为聘娶。

**林起凤** 烈屿人。八岁丧父，遭海氛，与母相失。稍长，竭力寻求，于澳头乡许云家得之，迎归，居厦岛，偕妻石氏，孝养无间。复远涉台湾，遍求父坟不获，仅得一香炉，携归奉祀。笃爱同母弟起鹏，买田宅给之，延师教督，后为诸生食饩。捐金修葺学宫，独建祖祠。里人李姓负官帑数十，质女以偿，如数与之，不受女。贫佃逋租数百斛，破券与之。尝经商，舟至七洲洋，飓风大作，闻空中有声云："林孝子在此"，遂得无虞。卒年七十二。

**林德谦** 性和易质朴，建祠睦族，友爱无间。自台移亲柩归葬，号泣反风。又捐赎难民。孙全子施棺恤贫，乡里德之。

**黄元钟** 号质斋。为人谨厚，重节义，睦宗族。海氛时，期功之亲，移居福州者甚众，及平定后，皆招归完聚，各给资本，俾得谋生。平生自奉甚薄，而济人急难，毫无吝心，乡里多称其善行。

**叶其苍** 字子远，号鸿斋，莲坂仙乐人。雍正五年贡，连江训导。生平孝友敦睦，处乡里劝善息争。先是，叶宗地南北房分，纷竞不修祠，苍委曲告谕，族素信其人，因为合建。任官十二载，劝课有方，廉洁兑己，不计修脯，囚者，且推俸周恤，寒士不能从师者，亲为讲授。解组，士攀恋不舍，问遗不绝。子茂春、时春皆在庠。

**杨秉忠** 字敦诲，竹坑人，性孝友勤笃，海氛，负亲挈眷逃漳十三载，家贫事亲得欢心，课儿孙读书虽穷益坚。卒年九十五。子好德勤俭笃实，乐于为善，乡里薰其德而善良者，不可胜计，孙国文领乡荐。

**蔡洪璧** 字尔荆，漳之镇海人也。居厦，食饩龙溪，后移籍同安。操行谨严，淡泊自安，取予一芥不苟，教生徒，虽行坐小节，不许越规，朝夕讲解，必尽其详。著有《琢斋集》行于世。

**陈科捷** 字光龙，厦之寨上人也，少旷达嗜酒，与李天震为莫逆交，厦中言其名者，必连类及之。为文苦心孤诣，不逐时趋，然久困童子试，年四十九始受知于周力堂先生。晚为学尽笃，制行益诚，一言一动，毫无所苟，大有年高德劭之风。

**叶沈𡗝** 字季翔，少颖异，甫十岁，客有不识穷蝉事者，𡗝曰："得非史所称舜祖乎。"读书极博，尤究心字学，为文清正纯雅，小试辄利，年四十捷乡闱，以亲老求降，后司武平铎。清俭自持，县令章文瑗集古赠之，有"举代推高节，儒林得异才"之句。癸酉，以年老致仕，足不出户，卒年八十有二。

**叶　龙** 字秀峰，莲坂人也。为人和易圆融，而胸中自有分寸。少时，尝有血疾，经年不痊。因读君子庄敬日〔自〕强之语，遂终日危坐，病亦渐平。然饮酒数杯其血立见。自幼至老，悉皆如是，可谓病奇于人，人奇于病矣。读书默识，不事高声，为文淡远有致，屡夺前矛。著书甚多，惟《南华经注》尤得其解。

**薛登龙** 字建章，海澄人，迁居同安之鹭岛。为人重意气，敦交谊，笃志好学，屏绝浮华。晚年日与二三老友寻山问水，饮酒赋诗，有翛然物外之致。（此条采《全闽诗僡》）

**蔡德辉** 字子耿。为人倜傥不羁，自号觉昨叟。性朴拙，不屑仰面于人，待人尝留余地，又不竭人之欢，时或吟咏自遣。有《鸣秋草》五卷，《蠡测文集》十卷。

**李立捷** 字逊之。能诗工书，善鼓琴，深究天文地理，兼精剑术。所著有《月山诗文集》。

**蔡克昌** 字尔炽，晋江人也。住厦，为同诸生。读书必究源委，不以利欲分心。以多病不赴考，缺岁试者二。庚午秋闱，抵省补试，有贵介公子亦在补试中，文未及半，疾作，丐其代完，许之。同附二等，欲厚谢之，问其名与其所寓，皆不告。后于途中遇之，亦不告以其处。其廉洁有如此者。

**黄陈韬** 字谦六，漳之新岱人也。性慷慨不吝，有贷者，不计其息之多寡。有子母俱没者，度其人非负义，即焚其券而不问。尝有负欠千金者，其人将远遁，夜携金四百告之曰："某将远去，所存者止有此数耳，念君厚待，不还他人，而独以还君，幸毋泄也。"韬曰："子欲远去而毫无所有，将何以求活耶，盍携之为图生计，以谋后日。"其人感泣而去。后其人果获利，如数而还。其知人有如此者。

**黄天授** 字胜颐。性宽宏质朴，友于兄弟，乡里皆称为忠厚长者。邑侯蒋嘉其善行，颜其门曰："望隆里闾"。卒年八十。

**黄名芳** 天授子。幼习举子业，小试辄利，后以例入贡，生平尊师重道，课子有方，遇事勇往直前。乾隆十六年，修理鹭城，首董其事，厦建玉屏书院，修紫阳祠，皆与有劳，道宪西〔两〕赠以匾额。太史洪艮圃、蓝古萝为之立传。

# 节　烈

妇人之义，与男子之忠，皆本乎天而出者也。男子以学问佐其性情，妇人则独任其是而已。断臂割股，所以守身事亲者，毫无所强，亦造物淑气之所钟也，宁得谓女中无夷齐哉。

**明**

**林　氏**　年十七归刘琛四载，而琛故。二女方在襁褓，即柏舟矢志，治夫茔穿二圹，以示同穴。夫兄弟欲林改节，乃尽夺其产。林携女恸哭，剪发自誓。乡人义之，谪其夫兄弟，而劝复其产。蓬垢四十余年，卒闻于朝，表其贞节。

**郑　氏**　池宗贤〔宝〕妻也。宗宝死，豪赂求婚者日三四至，氏泣应曰："可为此禽兽行乎。"断发减餐，穷年坐一小轩纺织，即母弟相去咫尺亦不复往。晚岁眼渐昏，长子构宅请同居。氏曰："此汝父故庐，吾将死于此。"竟不往。卒年八十六，按院敖鲲表曰："贞节"。

**叶　氏**　刘畿妻。畿以非命殒于盗，叶氏从容自缢以殉。孝廉张金棕率乡人祭之，表其墓道田〔曰〕："女中夷齐"。

**林却娘**　高林人，适吴家。天启丁卯，夫病卒。贫甚，却娘尽出妆资，鬻供丧费，卒哭辞父母自缢。邑侯给匾曰："贞烈"。

**孙　氏**　名银娘，儒士林武潜母。潜幼孤，氏守节抚育，织纺五十七年，足迹不至户外，虽白日里社演戏，不敢往视。刘显阁为之撰传。

**吴　氏**　庠生吴公治女，归林烃如，事舅姑以孝称。崇祯甲戌，烃如卒，氏自缢以殉。表曰："孝烈"。

**陈　氏**　年甫及笄，许配林万瑞。瑞殁，父母匿不以告，陈氏侦知，即赴万瑞家哭奠，及撤灵曰："吾志毕矣，今葬不及同穴，幸埋我于墓侧。"遂投环死，时崇祯之癸未年也。

**叶　氏**　竹坑叶细女，适店前儒士陈少卿。同夫逃难，寇至告夫曰："母〔毋〕辱，吾死矣。"夫阻不可，投路边井死。

**叶　氏**　竹坑人，庠士叶车书姑也。夫病卒，欲殉，家妨〔姑〕劝不听，三旬前一日，归辞父母，皆力止之，氏归自缢死。有司旌之，碑在洪水桥官路边。

## 国　朝

**林科娘**　李燕未婚妻也。燕力学疾卒，科娘闻讣，沐浴更衣自缢以殉，环绝坠地，挺立亦不仆。前一夕，里人夜见神灯千余，从埭岸至其家。邑侯徐额表之。

**义娘者**　鹭人也，失其姓氏。甫及笄，遭乱被掳，以头触石几碎，行至东岳，道旁有井，投而死。其后天寒月白，每见一女子往来井畔。康熙十二年，乡人苏贵梦见女子曰："吾尸陷井中，君能出而瘗乎，吾厚报子。"于是乡人掘井，果见白骨，以素练衣裹合之，毛发森然。及葬，素练俱化为水，乡人异之，为立祠于坟上，号"义娘井"。时有病者，得井水饮之即愈。道路人多以竹筒盛水而去，外省亦闻名焉。

**陈皇娘**　坂上陈正公女。年十六，字林家，未于归也。岁辛卯，嘉禾鼎沸，为贼所获，挟之偕行，无计可脱，适道旁有井，遂投其中死焉，贼叹而去。承平之后，家人知其处，寻出之，颜色不变，遂卜葬于本乡福德祠后。

**杨　　氏**　洪水桥人，孙若琼妻。康熙癸卯，厦因于兵革，杨氏出走，视寇至，以其男付夫，自携其女投井死。越数十日，尸浮井上，颜色如生。

**黄兆美妻赵氏**　十八于归，事姑孝养备至。孕子学舜甫五月而夫殁。氏年正少，矢志守节；及举学舜，持斋三年，以祈神佑。值海滨变迁，家计中落，勤女工，以给衣食，子孙率入雍庠。年九十而终。

**薛　　氏**　庵兜薛汝龙女，适方〔枋〕湖张宰。宰殁，遗腹四月，氏年二十三岁，守志不移，淡泊自甘，孝事舅姑，克尽妇道，抚孤有成，今年五十八岁。

**黄令德妻江氏**　年二十适德。二十二夫殁，一子真金甫周岁，氏矢志抚孤，备尝艰苦。成立娶妻陈氏，生孙，金又殁，姑媳同抚幼孙。江现年七十五，陈现年五十二。

**王绍未婚妻陈氏**　年二十。闻绍殁，哭泣欲绝，矢志不嫁，归夫家代事舅姑，抚养继嗣。分府张嗣昌、邑令蒋廷重给匾旌之。卒年五十一。（张匾"桂性相操"，蒋匾："执身如玉"。雍正八年事。）

**吴克岳妻王氏**　年二十九。夫殁，矢志抚孤。幼多病，恐不育，复抚周岁失母失〔夫〕侄为嗣。二子成立，现年七十。

**叶幼娘**　竹坑叶宽女，许配圃源陈诰。甫订盟，诰往台生理，殁，讣闻四日，幼娘夜投宅中井死。有司表云："生成节烈"，碑竖圃源社前。赠联云："生在父室矢志难延五个夜，死葬夫家阴魂归附两人栖。"（雍正庚戌年事）

**张　　氏**　西塘张乖女，适鹭门朱孔。年二十二，夫殁，恸哭欲绝，姑抱救之。氏念姑罗氏年老，含泪偷生。立继名祺生，甫三月，茶苦抚养。后姑得终天年。祺亦完婚，不幸中丧，妇曾氏生子名良，九岁，姑媳相守纺织无间，曾氏尤尽妇道。良又丧，再立继名礼，今已完婚。张氏现年八十七，妇曾氏现年六十六，一门双节，零丁孤苦，识者义之。

**张　氏**　吏员吴宏景婢。景往台湾，妻陈氏病笃将亡，以幼子嘱张抚养。时张年方十七，未有所出，抚养嫡子，清操无玷。景台归，被风飘泊，客死东京。氏茹冰饮泣，终不易志，勤织纺、牧畜，以供衣食。子吴万完婚生子，皆氏力也。今年六十岁。

**辛勉娘**　吴仓社人，吴允标妻。年廿六，遗腹三月，誓欲殉节，翁劝立孤，已而生男，抚养成立。七十一岁而卒。

**陈球娘**　竹坑人，苏子祥妻。年二十五，闻夫台殁，遂绝粒，勺水度生。治夫丧，百日缢于灵前，绅士义赠以诗。

**杨懿娘**　儒士陈必洽妻，凤〔枋〕湖人也。年二十，夫死，柏舟矢志，事老姑，抚幼孩，坚贞茹苦四十二年，乡人叹服。

**叶　氏**　仓里人，陈三淑妻也。明季遭难，氏惧辱焉，当夫前触死。夫置其尸于井中，归而葬之。其节烈如是，至今犹为叹赏。

**林氏月桂姐**　生员黄成振婢妾。康熙己亥年，氏年廿三岁，成振病故。越庚子，嫡妻郭氏继亡。氏抚嫡孤黄华祝及嫡女三人，历尽艰辛，守成振遗书及其敝庐。孤稍长，出就外傅，以遗书付其诵读，朝夕训诲不倦。至雍正乙卯年，孤及三女各婚嫁毕。忽一日，向邻家诀曰："吾事毕矣，吾可死矣。"邻劝之，对曰："氏受家主恩，主亡时愿奉从地下，为藐孤计，故延命至此。今儿女长成，愿酬吾志。"是夜于卧房中，投环而卒。

**黄逢仁娶〔妻〕曾惜娘** 年十八，孀守。姑病足，奉床蓐三十年，小心罔懈。教子及孙曾，以崇名义重诗书为谆谆。长孙女静娘为林家妇，以节烈殉夫地下，氏喜其克全大义。次孙女鸾娘适李氏，夫殁，每归宁勖以尽孝。一生勤劬，为举家倡。邑侯张颜以匾曰："苦节格天"。乡先生黄艮斋赠之曰："镜分二九时洁髓奉匜未亡人为妇犹子，霜凛六十载断机剪发四代母教儿及孙。"卒年八十一。

**蚝头杨天华妻黄凤娘** 二十八岁寡，遗腹，生子声远。时舅姑方艾年，氏属冢妇，事事躬亲，凡夫弟妹衣裳，栉缡代姑服劳。至舅姑殁，送终尽哀，不懈于礼。卒年七十一。

**王忍娘** 庠生王廷光之次女也。十六适庠生叶滋荣次男熊，住嘉禾里岭下社。二十寡，无出，以夫期功子萃环为己子，甫周岁，抚养成人。家道清贫，舅亡，以纺织事姑，二十余年无懈志，乡族为之感泣。现年六十。

**张世俊妻蔡氏益娘** 年二十三于归，越三年癸丑，生子张志匡。世俊外出营生，甲寅至暹罗病故。氏年二十七，闻讣誓无他志，虽家计壁立，夫弟游手四方，氏以冢妇养老翁张国典、姑李氏，女工不释手，膳奉得其欢心。至乾隆辛巳年，翁卒，甲申年，姑卒，历事三十余年不懈，送终诸礼，备极信诚，抚孤成立，现年六十岁。

**卢俭妻陈氏** 年十八归俭。二十三，俭死，守志抚孤。孤复殁，与妇薛氏同守一孙，辛苦万状。现年六十有一。

**卢良淑妻张氏** 十七于归，二十一寡，柏舟矢志。卒年五十。

**施明妻吴近娘** 年十七归明，逾年明殁，养一子。家贫日食无所靠，蓬头跣足，自食其力。死年五十二，子流落他方，不知所之。

**林探娘** 邑庠林龙文长女也。年二十一，归王君谟，倡〔唱〕随有礼，得舅姑欢。六年未有所出，君谟殁，探娘誓同死，家人苦劝弗听。服阕，梳洗装束，闭户自缢，颜色弗变，亲戚往视，咸叹异之。谥曰："贞烈"。

**钟志美妻叶氏** 年十八于归，二十三而寡。孝事舅姑，抚夫弟及幼儿，苦节六十余年。海澄令景坡苏公匾赠："节孝齐芳"。卒年八十六。男洪基以例入北雍，事载《海澄县志》。

**康士华妻陈氏** 陈元辉次女也。二十于归，二十五而寡，子在遗腹之中。柏舟矢志，孝养舅姑，丧祭尽礼，织纺不倦，教子孙不许从俗浮华。同安儒学罗前荫匾赠："节操流芳"。子朝用援例入监。

**林　氏** 陈君来妻也。年十七归君来，克尽妇道，得舅姑欢。来苦志攻书，氏勤织纺，机声与书声相应。年二十三，君来殁，氏不欲生，舅姑责以子幼任重，因节哀抚遗。舅殁，丧葬有法，每年七月夜，祷北斗，减餐以延姑寿。分府黄彬赠曰："节孝扬徽"。儒学罗前荫赠曰："操比松筠"。子希吴援例北雍。岁庚寅，太史林兆鲲掌教玉屏，闻其贤，赠以诗曰："人生植纲常，内助重中壸，稽古巾帼贤，芳徽播彤管。以我所见闻，姊氏良为善，早岁通孝经，膝卜称埃塊。迨至于归时，持躬益勤谨，瀡滫洁晨昏，舅姑欣婉娈。未几丧所天〔夭〕，笙易水山寒，屡欲访黄泉，二老坚不允。谓死与立孤，两难须自反，裹泪看零丁，化石心太忍。机丝夜月中，几曾见一哂，五夜和熊丸，多方培鹄卵。厥子聿〔幸〕有成，森森皆龙笋，司牧树风声，交致松筠匾。兹逢设悦辰，半百才逾算，会须渡蓬莱，亲见水清浅。"又赠联曰："疏梅寿并瑶台月，雏凤文辉阆苑云。"

**沈　氏**　陈伏妻也。二十归陈门，恪守妇道。诞一子方三岁，而夫殁，年二十八，矢志抚孤。家贫如洗，勤织纺以供衣食，毫无介意。族人义之，有房亲陈省、陈祖，念其冰蘖，每冬一贴谷一石，一贴谷五斗，略周其困三年。氏以子稍长，能分薪水之劳，遂不肯受其助，众益钦之。今子与孙皆成立。氏现年七十有二。

**肖邦奇妻陈氏**　年二十六，夫殁。守节不移，事舅姑，抚幼男，各尽其道。现年七十二。

**王　氏**　儒士曾源楷妻，溪岸保五世同居王全观之女，名清娘。康熙壬子年，于归。氏年二十，生子曾灿登。及源楷应县试，至丙洲，舟沉身故，氏年二十二。姑已殁，老翁曾锡爵在堂，躬纺织力勤，养翁三十余年。翁殁，尽礼尽哀，举无懈志。子反〔及〕孙成立。卒年八十三。

**黄静娘**　儒士黄其宽女，生员黄实胞姐也。在孕二十一月而生，父见其有慧质，教以诗史及内则等书，俱通晓意义。稍长能诗词，然性幽贞，未尝妄濡毫墨。雍正壬子年，适林建功，时年二十一，眉案和谐，举一男一女，俱不育。乾隆庚申年，林以血瘤致病，氏衣带不解，延归母家医治不效，不幸弃世。氏志在殉节，水浆不入。及葬，已弱不能行，犹命胞弟实扶到冢，嘱筑双圹。归，成服礼毕七日，沐浴更衣，作绝句诗四首，投环自尽。时建功寄居舅家，在海澄县属下，县主赠以匾曰："有烈士风"。乡邻争写其遗诗，绅士怜其志，各以诗挽之。

**莫阆苑妻黄氏**　年二十四，夫殁。有孤三岁，值海氛，携孤依外家，徙居长泰。继又避兵台洋，备极艰辛，矢志抚养。既归故居，孤克成立。获见曾孙，卒年九十三。

**黄邦彦妻蔡颂娘** 年十七，招邦彦入赘。将赘，彦在船中，得呕血病，身弱，到妇家不能成礼。越四日回家医治，不幸身故。氏闻讣，水浆不入口，父母以氏年少，不忍其孀居。氏告曰："生为黄家人，死为黄家鬼，不求苟活也。"即蓬头素服，步行登舟到家哭奠毕，过继一子黄继熙。姑殁，翁老，夫弟尚幼，四壁萧然。氏肩家事，昼夜机织，以佐日用。后子成立。康熙壬寅年卒，年三十七岁。

**池源珍妻杨氏** 候选郎中池皋声母也。年二十一于归，未几而寡，誓不欲生。父母劝以幼儿为重，乃勉从之。舅已先殁，事姑得其欢心。教子不为姑息，皋声克自振拔。当道为之请于朝，立坊表之。（详载《府志》）。

**萧邦畴妻蔡氏** 年二十八，夫殁。矢志抚孤，事舅姑以礼，教幼儿以义，乡里中皆称之。现年六十有二。

**林明珍妻陈氏** 年二十于归。越年产子，甫八月而夫殁，年方二十有二。矢志抚孤，去妆饰之类，足不至外庭。事舅姑必躬必亲，不以婢妾代，数十载如一日。现年六十有六。

**王凤翔妻陈速娘** 年二十八夫殁。孀守三子，竭力养姑，以节孝闻。龙溪县吴赠以匾曰："节孝流徽"。卒年五十八。

**张维赓妻黄氏** 嫁夫八月，而夫殁。遗腹生一子，矢志抚孤。事舅姑尽孝，姑病奉汤药，衣不解带。姑卒，哀毁逾节，相从而逝，年二十有九。

**廖飞鹏妻黄暂娘** 年二十四而寡，子方二岁。柏舟矢志，奉舅姑尽孝，抚失母幼侄，爱若己子。勤织纺，望子成人。卒年四十有二。

**陈意娘** 王次雍妻也。次雍以力学，病卒。氏闻泣，请守节，夫家力辞，氏知志不获，遂乃于卒哭之期，乘间投环，年二十一岁。夫家求与次雍合葬。夫兄以其子尚嗣次雍。

**监生蔡辉璧妻黄氏** 年二十八，夫殁，誓以身殉。舅提标前营游击蔡忠，于是年先死。姑以孙幼抚孤为重，苦劝之，乃从姑命。事姑以孝，教子以义，乡里义之赠以诗。现年五十有二。

**陈兑娘** 提督陈伦炯之女，提督胡贵子振琇妻也。归琇十年，克尽妇道。琇得血疾，氏躬调药石，昼夜不倦。及琇殁，哀号仆地，决不欲生。舅姑劝之，口不粒食，唯日进勺水，过三旬而殁，年二十有六。

## 名　媛

**杨北魁妻陈氏** 事舅姑和婉，得其欢爱。姑方氏暴得心疾，垂死，陈氏默祷于天，割腕肉和药以进，姑服之得苏。久之，姑廉悉其故，大加骇痛。越日，夫就试，遂进武庠。人皆以为孝感，作诗赠之。此康熙癸未年冬十月事也。

## 土　产

四时行，则百物生无限疆土也。然亦有不尽然者，桔逾淮而化为枳，貉逾汶则死，地气异也。厦为海中小岛，非有高山大川，足产珍错，而一二特出之奇，亦有不可没者。故备举其名，以为博览之助。

## 谷 之 属

**为 稻** 其品有糯,有粳。糯米曰术,粳米曰谷。惊蛰时节播种,六月间熟,秋初再种,十月冬熟,谓之早冬、晚冬。

**为 麦** 有大麦、小麦。二麦熟于三月,以济冬稻之〔乏〕。

**为 黍** 颗粒稠结深黄为上。疏者,谓之稷。

**为 稷** 其疏散下垂者,谓之黍。

**为 粱** 粱亦粟类,而穗大毛长,颗粒粗厚,有黄、白二种。

**为 豆** 有黑、白、黄、绿,绿豆可为粉,亦可入酒。黑、白、黄,止为豉酱、豆腐之用。

**为 麻** 有黑、白二种,皆可作油,白清,黑浓。

## 蔬 之 属

**为芥菜**

**为萝卜** 二菜春、冬俱可种。冬种者耐久,故淹晒俱用。

**为芥蓝** 丛生,叶翠如蓝,割去其心,其苗复生。

**为波菱** 俗名赤根菜。

**为莙荙** 俗名厚末菜。

**为茼蒿** 与莙荙俱有小毒,不宜多食。

**为苋菜** 有紫、白等种。

**为枸杞** 取旧根断而埋之,或冬间取子以种,春日苗长,可食,最益人。

**为藤菜** 一名蚂菜,柔滑可作羹,与蚂同食。

**为莴苣** 一名笋菜，可腌食。

**为芹菜** 可为菹，厦门港出者佳。

**为扁豆** 有紫、白两种，白花者胜，尤宜妇人。

**为西瓜** 有圆、长二种，塔头出者佳。

**为刺瓜** 最早熟，故名王瓜。性冷。

**为甘瓜** 俗名涵〔腌〕瓜，宜酱食。

**为苦瓜** 俗名红瓤，一名锦荔支〔枝〕。

**为丝瓜** 俗名菜瓜，去热改〔解〕毒。

**为金瓜** 黄色。

**为通瓜**

**为冬瓜** 经霜后，皮生白衣者佳，蜜作饯。

**为匏** 有胡卢、花斗数种。附地生者，四月间熟。悬架生较迟。

**为姜** 三四月种，五六月发紫芽，纤嫩如指，名子姜。九月尽檄之，其本名姜母。

**为蓣〔芋〕** 有红、白两种，大小亦各不同。

**为番薯** 有红、白二种，尤宜种于沙地，可以疗饥，亦可酿酒，其功用甚广。一名地瓜。

**为茄子** 一名落苏，有红、白二种。

**为葱**

**为蒜**

**为韭**

**为倭菜** 可生食。

## 果 之 属

**为荔枝** 其品甚多，惟桂林状元红、绿荷包最佳。荔枝蠲渴补髓，其木坚理难老，然性热，多食必以蜜浆解之。旧时惟后埔出，甲于岛上。

**为龙眼** 一名荔奴，性甚温补。

**为 桃** 有甜桃，有苦桃，苦桃可腌作菹。

**为 李** 有数种，惟虚〔妇〕仁李，味尤美。

**为 梅** 四月间熟。

**为 梨** 有蜜梨、水梨、青消梨。东山〔山东〕水梨最为上品。

**为 柿** 有数种，惟重色最胜。店前出柿果，多持以送贵介，为厦门土仪妙品，今无存者。按：种柿有七绝：一寿、二多阴、三无鸟巢、四无虫毒、五霜叶可玩、六佳实、七落叶肥大。山中隐者，取以著书。

**为 枣** 村社皆有。

**为 柑** 有先柑、雪柑数种。

**为 橘** 人家多种，至冬月满树鲜红可爱。又有一种公孙花，实小味酸，四时俱生，惟冬月较盛。

**为香橼** 气芬郁，能缘袭人衣，故名。生爪者，名佛手柑，更香馥可爱。

**为蒲〔葡〕萄** 蔓生，架下不可饮酒，恐虫矢伤人。

**为甘蔗** 浦南出者极佳。

**为 蕉** 有弓〔芎〕蕉，大而小涩，黄牙、青牙尤香甜。

**为余甘** 初食味酸涩，咽后回甘，亦可腌食，俗名犹甘。

**为 柚** 有红，有白。红者佳。

**为石榴** 有蜜榴、火榴、银榴数种。惟蜜榴甜美。

**为 橣** 黄时甜美,青时可腌食。

**为凤梨** 味征〔微〕酸而香,可蜜作酱。

**为番石榴** 俗名来野拔,极贱。

## 木之属

**为 松** 云顶岩最名。

**为 柏**

**为 桧** 有铜青桧,人多栽盆为玩。

**为 枫** 有脂而香。

**为 樟** 大者数围,可制器用及舟具油车之类。

**为 槐** 花可染黄,种而采之,甚有利息。

**为 桑** 栽者甚少,近时始略多。

**为梧桐**

**为柏树** 冬月结实,可作油,叶可染皂。易长而且得利。故谚云:"家有百株柏,不怕子孙穷。"

**为 榕** 阴极大,人家当风处多植之,若偶见光彩,及无故披折者,必有吉凶之应。

**为杨、柳** 杨叶大而扬,柳叶长而垂,近水种之,春间长条飞絮,亦自依依。

**为 竹** 其类不一,有猫竹、雪竹、斑竹、墨竹、苦竹、赤竹、石竹、凤尾竹、长枝竹、笙竹、刺竹。移竹宜五月十三日,谓之竹醉日。

## 花 之 属

**为兰** 白茎、紫茎不同，然花只有十二三萼。有一种虎须布袋口者，叶长三尺、壮者可得二十余萼，名玉涧兰。叶之细者，为蕙兰。又有一种吊兰，吊檐前，不用土，时以清水浇之，一干有两三花，然不甚香。

**为菊** 其品最多不一。红、白、黄三色，而黄色为贵，如白鹤翎、醉西施，尤为时下所重。近有紫色菊，传自日本，四月间即开花。亦有正月初开花者，谓之拜岁菊。

**为百叶梅** 有红、白二种。白能结子，俗称品梅。

**为百叶桃** 有红、碧二种，亦能结实。

**为桂花** 有丹、黄二种。八月开花，香气酷烈者，名木樨桂。逐月开，名月桂。

**为树兰** 丛高丈余，花碎点，秋开甚清香，然乏耐久。又有碎米兰，盆种，夏开花，似碎米。

**为玉兰** 即木兰，春初花开满树如玉，但须木笔接之。木笔即辛夷也，有桃红、紫色二种。

**为夜合**

**为山茶** 旧惟川茶、宝珠茶最胜。近有牡丹红、荷兰白，皆百叶，其种来自日本国，最为上上品，近时甚盛。

**为水仙** 一名金盏银台。

**为茉莉** 一名茉丽，有树、蔓二种。近有百叶茉莉，其种来自广南、颇胜。

**为素馨** 白者亦有一段香韵，黄者五香。

**为夹竹桃** 叶似竹，花似桃，四月开花，至冬方尽。

**为瑞香** 有二种：缠枝者，叶厚而长，花紫自本至末无一剩枝。簇锦者，开花成簇，其香俱胜。

**为酴醾**

**为玉簪**

**为含笑**

**为百叶榴** 有红、白二种。

**为一丈红** 百叶者胜。

**为照殿红** 四时俱开花，即佛桑。

**为海棠** 铁干者，名西府海棠。又有秋海棠，亦清雅。

**为紫荆** 朱红者佳，亦有白者。

**为长春** 多叶者胜，一名月桂。

**为凤仙** 一名金凤，有红、白、紫三色。百叶及玉色者胜。

**为鸡冠** 有红、白、黄、紫数色，更有一本而五色者。

**为木槿** 俗名水锦，紫、白二种。

**为葵花** 有红、黄二种。

**为芙蓉** 百叶、大红及三醉者佳。

**为 连** 有红、白，单叶、百叶，并头、观音之分，色香俱佳。

## 草 之 属

**为 萱** 即蓫草，一名鹿葱，一名宜男花。有单叶、百叶，又有红、黄二色。可烹食，亦可晒干，含蕊者更美。

**为美人蕉** 鲜红可爱。

**为凤尾蕉** 人家植之，可以辟火。

**为虎耳草** 可治耳疾。

**为鼠曲**　生野田，叶苍色白，三月间采之，捣烂和米粉作饼蒸食，压时气，邑中尚之。

**为蔓桃花**　一名狂茄，花白，服之发狂。

**为旱莲草**　俗名鬓草。

**为遍地锦**

**为泽兰**

**为马鞍藤**

**为枪刀草**

## 药 之 属

**为车前子**

**为天南星**

**为使君子**　蔓生，花红，子有棱。昔潘州郭使君，用以疗小儿，故名。

**为金樱子**　夏秋间结实，霜降后去刺，劈子捣汁熬膏，暖酒调服。

**为菖蒲**

**为金银花**　开花黄、白相间，凌冬不凋。陶弘景云：煮汁酿酒，补虚疗风，长年益寿。又为疗痈疽发背之要药，又名忍冬花，亦曰老翁须。

**为益母草**　五月五日采熬膏服之，妇人圣药。

**为黄水茄**　实圆色黄，中有细子，可熏齿虫。

**为枸杞子**　根名地骨皮，春苗可供蔬。

**为紫苏**

**为甘菊花**　花厚色黄，堪以酿酒，山中所出，味苦者不可用。

**为陈皮** 即橘皮,陈久者良。去白者,曰橘红。

**为小茴香** 开花疏细如伞盖。味辛者,可和诸食。

**为香薷** 暑月烹食代茶,可无热病。

**为香附子** 俗名草头香。

**为 艾** 以蕲为上。艾细者乃蒿艾也。艾藏久则愈好。

**为蒲公英**

**为草麻子** 红茎者可入药。

**为栀子** 性冷。有白而大者名玉楼春,即葡萄花。

## 畜 之 属

**为 牛** 以多力而寿者为最,毛少骨多有力,岐胡有寿。乡间畜犉牛为多,亦有畜水牛者。

**为 羊** 其肉温补,肝能明目。羊性善群,善耗,败长露,晚出早归。濒海地畜羊者多,至于草乾,羊食之壮实。

**为 豕** 俗谓之猪,古人用牲,先羊后豕。今则重豕,而羊次之。医书言:豕肉动风,多食令人虚肥。

**为 狗** 后有悬爪者犬,其种大小不一。

**为 猫** 有数种。身短尾如钉耳,提之身作一团者,善捕鼠。鼻端常冷,唯夏至日暖。或云猫睛可以切时,故曰:"子午卯酉如一线,寅申巳亥圆如镜,辰戌丑未枣核形,仔细看来时刻正。"

**为 驴** 有力善载,民家多畜。

## 禽 之 属

为 鸡　阳物阳动则鸣，知时善伏。白羽黑肉者益人。

为 鹅　伏卵随日光所转。

为 鸭　老而黑色者佳。又有芦鸭，色黑而大。

为 鸽　善飞知还，食品重之。

为 燕　颔赤者为越燕，颔黄者为胡燕，作巢避戊己日。

为白头翁　头有白点，音亦入耳。

为钓鱼翁　状如翡翠，长嘴短脚，羽色鳞碧，可为首饰。

为班〔斑〕鸠　鸠知阴晴，以其声卜之。

为麻雀　栖檐瓦，故曰瓦雀。又有种小而黄者，为黄雀。八九月群飞稻田间。

为黄鹂　一曰仓庚，俗为黄莺，其声清婉可听，如调歌然。

为喜鹊　鸣则客至，故俗曰客鸟。

为乌鸦　慈乌能反哺，故曰孝鸟。

为鸲鹆　一名八哥，取其雏育养之，端午剪圆舌尖，能效人言，俗曰铰冬。

为伯劳　一名曰匙鸠。

为鹩鸰　状类黄雀而小，取茅秀为巢，缉以缣麻，悬于蒲苇之上。亦名巧妇，谓之蓬东。"蓬"读曰"庞"。

为布谷　一名戴胜，头上毛起，故曰"戴胜"。生树空中，不巢。农事起，此鸟鸣云："布谷"，若唤人播种者然。

为鹡鸰　水鸟，脚细尾长，颈灰腹白，飞则鸣，行则摇，俗谓之水浸鸟。

为鹌鹑　短尾善斗，状类鹧鸪而小，俗谓之耳聋鸟，而讹曰安春。近时颇尚。

## 鳞 之 属

**为鲤鱼** 能变化飞去，死不反白，鱼之健而神者，龙阳也，鳞俱九九；鲤阴也，鳞备六六，故鲤过龙门，则化为龙。又有金鲤，可盆畜，俗皆谓之代鱼。

**为鲫鱼** 诸鱼皆属火，惟鲫属土，健胃。又有红鲫，可盆畜。

**为金鱼** 其色不一，然大约色金，则不大虾尾者佳。

**为鲢鱼**

**为草鱼** 鲢与草，其苗皆出九江。贩人以鸡卵煮面饲之，至芒种长可寸许，买畜之池，然不能产子。草鱼食草，或曰鲢食草鱼矢。

**为乌鱼**

**为丁鱼** 二鱼形同，而大小不同。冬月肥美，至春则渐瘦。

**为鳝鱼** 似蛇无鳞，黄质黑章，昂首北向，每夜皆然。

**为鳗鱼** 乌耳者胜，又有一种血鳗最补。

**为泥鳅** 产水田中，夏月最多。

**为涂虱** 头阔而身短，口旁有两须，有刺能弹人。

**为丁斑** 身有斑纹，红绿相间。尾鲜红有黄点，性健斗，可盆畜。而埔边及仓里甚多。

**为鲨〔沙〕鱼** 其种不一，肉皆同，惟头目稍异。有虎沙，有狗沙。海滨人以龙门沙为最。诸沙皆可作脍，亦可作鲝，久而不坏。沙翅泡去外皮，存肉与丝，食品重之。

**为鲂** 形如命字。有锦鲂，有燕鲂，有金丝鲂，大者百余斤，惟金丝可斤许，而美。

**为金鳞** 即石首鱼，俗呼黄瓜。脑中有两小石，肉细味清，胶极粘，可胶物。

**为黄纹鱼** 似黄瓜而小，一名小金鳞，鲜美可作羹，湖里及石户出者佳。

**为鲳鱼** 有黑、白二种，白者味细而甘。

**为马鲛** 味不及鲳，然肥时甚美，俗并贵之，故谚云："山里鹧鸪獐，海里马鲛鲳。"

**为奇鬣鱼** 即过腊鱼，俗呼佳腊。隆冬大寒时甚肥美，入春渐瘦减。

**为鳜鱼** 钓得者极鲜美，其喉更佳。海滨人谚云："鲢鱼头，鳜鱼喉。"

**为鲈鱼** 口阔能食诸鱼，故其肚厚脆，可食。

**为敏鱼** 春时甚肥美。谚云："春敏冬佳腊。"乡音读曰："勉"。

**为江鱼** 俗呼虹鱼，晒干曰志脯。箮笪港出者极佳。池直夫尝有诗寄蒋中黄云："凭将肝胆千回语，寄与箮笪三寸鱼。"其贵重如此。

**为白带鱼** 秋冬时盛，阔三四寸，长四五尺者，味极佳。

**为虎鱼** 肉味细甘，头形似虎。湖里出者佳。

**为花跳** 一名弄潮鱼，箮笪港者胜。

**为银鱼** 口尖身锐，莹白如银。

**为章鱼** 箮笪港及官浔者佳。

**为锁管** 可腌作酱。

**为墨鱼** 俗呼乌贼，能喷墨以藏身。

**为劦鱼** 似鲫鱼而小,夏月方盛,塔头出极多。

**为鲊鱼** 一名水母,有红有白,以虾为目,故谚云:"鲊怙虾作目。"

**为龙头鱼** 俗呼匙定,亦曰银鱼母。肉白骨软,柔滑甘美,作羹甚妙。湖里出者佳。

**为黄翅鱼** "翅"读曰"实"。

**为龙虾** 状似龙,冬间肉肥壳满,熟之鲜红可爱。

**为红虾** 高崎出者胜。晒干交插,名曰对虾。又有斑节虾火烧虾,及诸项小虾,可晒干作虾米。曾厝湾出者极鲜美。又有梅虾极细,秋后出者可腌作鲑。又有细虾,名赤尾,鲜亦腌食。

**为沙蚕** 一名龙肠,生海沙中,色白味甘,鲜食胜于晒干。

## 介 之 属

**为蜛蚌** 俗呼曰蚂,四时常有,月盛则肉虚,月衰则肉实。

**为蠔** 二三月应候而至,膏满壳,子满脐,过时则味不及。

**为蟹** 大者曰毛蟹,又有小者名金钱蟹。蟹与蚂、蠔皆脐尖为牡,圆为牝,有时脱坚壳换软壳,渐渐复坚。

**为车螯**

**为蛤蜊** 鲜美能解酒。

**为鲎** 圆似惠文冠,雌常负雄,虽风涛不解。四月间雌腹有子,谓之鲎珠。头巾礁左右最多。

**为乌廉**　俗呼间仔，腌者名凤眼鲑。吴沧出者肥大。

**为公逮**　形似蛏而短少〔小〕，壳似银，亦曰银蛏。筼筜港出者肥美。

**为　蛏**　有泥蛏、有沙蛏。莲坂出者胜。

**为竹蛏**　味较泥蛏更甘美，钟宅出。

**为香螺**　大者重斤许，肉味最美。

**为花螺**　筼筜港出者，味甚清。

**为竹螺**　大如手指，长二三寸，塔头出甚多。

**为麦螺**　一名土铁，可腌食。筼筜港甚多。

**为虾姑**　形似虾，而坚壳大尾，春时亦佳。

**为涂蚕**　一名泥蟳，亦可净煮作冻。

**为海粉**　莲坂、高林俱出。

**为浒苔**　生海泥中及海石上，洗净晒干，油炒蘸肉甚妙，亦可腌为菹。

**为礁毛〔膜〕**　洗净晒干，油炒蘸肉。其清味更胜浒苔。鼓浪屿出者极佳。

## 虫 之 类

**为　蛇**　其类甚多。有水蛇、草花蛇，不甚毒；有青竹丝蛇、簸箕甲蛇、饭匙蛇，皆毒能伤人。凡蛇伤，急服麻油一碗，以鸡卵攒孔掩其疮口，须臾鸡卵尽黑，四五换则毒尽而愈。

**为水鸡**　蛙类。色黄皮皱，头大嘴短。鸣声甚壮者，为水鸡，食品重之。又皮皱色黄头大脚细，曰蟾蜍。北人呼水鸡为虾蟆，蟾蜍为癞虾蟆。

**为蜥蜴** 博物志云："以器养之,饲以朱砂,刺点女人支体,非房事不灭,故号守宫。"疑俗所呼神笼者,即此。

**为蜜蜂** 采百花酿蜜,其王所在,则群众而绕之,故谓蜂有君臣之义。又有虎头蜂,螫人最毒。

**为　蚁** 有走马蚁,有黄丝蚁,有黑蚁。又有白蚁,能运土,食人栋梁、衣服,一二日立坏,此风水湿蒸所生。欲除其害,惟先疏风放水。

**为蝙蝠** 俗呼蜜婆,昼伏夜飞,食蚊虫。其矢为夜明沙,能明目。

**为　蝉** 以翼名。

**为　萤** 一名夜光,腐草所化,俗呼火金星〔姑〕。

**为蜻蜓** 六足四翼,食蚊虻,能点水,俗呼淹英。

**为　蝶**

**为螳螂** 前两足似斧,能捕蝉。月令,五月螳螂生。

**为蟋蟀** 一名促织,善鸣斗。晋江人谓之草鸡。有赤、乌二种,黑者俗为乌能,赤者俗谓赤羌。

**为蚯蚓** 一名土龙,俗呼土滚,应候高鸣,能治蜈蚣、蜘蛛毒,白颈为良。

# 附一：八景图诗

## 洪际〔济〕浮日（调满江红）

倪邦良

夕宿云岩，向灵境，一一冥搜。正好是，空山雨霁，极浦烟收。半夜气澄风露冷，一声鸡唱海天秋。乍红盆，闪烁浪中翻，波上浮。

东岳观，灵鹫楼。红〔风〕尘逐，沧海游。叹流光如箭，早雪盈头。寂寞荒台凌绝顶，苍凉晓色入扁舟。试回首，远近问长安，频凝眸。

## 前 题
黄 彬

海天东望净无垠，洪际〔济〕山高冠鹭津。
豪兴凭阑鸡未唱，红光万道涌金轮。

## 前 题
黄青藜

云顶高台望眼悬，红轮献彩浴重溷〔渊〕。
奇观正指洪波里，倏忽高腾上九天。

## 前 题
### 莫凤翔

偶向东山东复东,山形尽处海天空。
鸡声催散天云黑,轮影浮来海日红。
百道金蛇生贝阙,五纹瑞气绕蛟宫。
谩言曙色惟孤岛,瞻仰精华万姓〔世〕同。

## 前 题（调朝玉阶）
### 张锡麟

观日台荒址尚存。不关僧力扫,本无尘。招邀拾级看浮暾。俄惊波浪起,涌金轮。

更随灵景步嶙峋。不知身立地,讶凌云。海天环望色如银。弹丸三十里,一乾坤。

## 前 题
### 黄名香

连峰高欲并三台,喜见扶桑浴日来。
万道毫光生海岛,一轮宝气出蓬莱。
渐离远水烟初敛,普照诸天雾尽开。
古岫寒岩皆瑞色,遥从世外现崔嵬。

## 前 题
### 钟元辅

早起穿萝陟远穹,登台天海望无穷。
陈星几点犹横汉,一耀重轮已漾东。

不尽烟云随晓幻,许多金紫和光融。

江山顷刻增佳气,翠现岚消处处红。

## 前 题
### 张名扬

绝顶看羲驭,天鸡第一声。

此间旸谷近,腾浴十分明。

## 筼筜渔火（调摊破浣溪沙）

薄暮炊烟起水涯,一湾渔火照汀沙。几点明星相掩映,不争若〔差〕。

野岸云浓常独见,茅蓬风细不须遮。月白江空何处也,宿芦花。

## 前 题
### 黄日纪

筼筜支海集渔家,入夜灯光起小槎。

远近星星数不尽,还余几点在芦花。

## 前 题
### 黄 彬

水入筼筜别一天,每来清夜每留连。

故人书屋称筼舫,错数藜光杂钓船。

## 前题（调如梦令）
### 张锡麟

疑是列星不是,道是早萤还未。点点细端详,泊岸渔灯十里。难睡,难睡,照彻一江春水。

## 前 题
### 莫凤翔

仙乐坡头凤屿边,挂罾垂钓半江船。
初更闪闪火尤焰,万顷汤汤波欲燃。
乍近乍遥双桨月,欲明欲灭一滩烟。
就中最爱如星乱,雪白虹鱼正熟天。

## 前 题
### 黄名香

叶叶轻舟错错灯,箮筜江上讶春星。
光分隔岸千枝焰,影落澄波万点青。
共月辉辉惊宿鹭,和风闪闪散流萤。
最怜夜静芦花里,照起渔歌出窅冥。

## 前 题
### 张名扬

风波今夜静,渔火满箮筜。
谁是元〔玄〕真子,歌声短又长。

## 前 题
### 黄周士
万顷筼筜水,渔家火晚荧。
随波凭聚散,错认是流萤。

## 前 题
### 钟元辅
筼筜看夜景,渔火映天星。
上下百千点,飘摇云水萤。
江鱼宵有市,溪艇渡无冥。
欲把灯光数,人家杂苇汀。

## 前 题
### 何芳春
最爱筼筜夜气幽,渔灯无数浸中流。
莹莹万点连霄汉,错认明星水面浮。

# 阳台夕照(调鹊桥仙)

### 倪邦良
一方耸翠,千岩叠碧,海上神山堪数。斜阳激射晚虹明,却幻出丹林绀宇。

嘉名偶合,痴人说梦,不管山灵触怒。楚天旧事已堪疑,再休道朝云暮雨。

## 前　题
### 黄青藜

台山高出众峰瞻，云雨无踪夕照淹。
平视诸岩皆黯淡，独留霞彩结山尖。

## 前　题
### 黄　彬

半壁斜阳紫翠微，台山如画晚晴晖。
渔村几点炊烟起，云际孤僧一杖归。

## 前　题（调捣练子）
### 张锡麟

山落日，日衔山。万仞阳台夕照寒。人立江边看倒影，一泓秋水漾晴峦。

## 前　题
### 莫凤翔

曾看小坞丽春花，又见阳台照暮霞。
阴落崔嵬千百丈，光分村落两三家。
秋田人散蛙声闹，鹤岭僧归杖影斜。
堪叹故侯香火地，苍苍榕树乱啼鸦。

## 前　题
### 黄名香

为云为雨事皆空，惟有阳台返照红。

一抹淡烟衰草外,几株疏树乱鸦中。
金鞍马过催游客,荻菅牛归送牧童。
蒸得遥村霞片片,更添薄暮景无穷。

### 前 题
#### 张名扬

特立禾山上,禾山让独尊。
斜阳翻片壁,余照覆千村。

### 前 题
#### 钟元辅

闲来岛上数青螺,插汉阳台紫气多。
更爱夕阳情景好,渔歌声答牧樵歌。

### 前 题
#### 林奇骏

晦岩忽欲饯晴光,尚得桑榆射影长。
多少落霞凭久衬,一声鹊鸟宿林忙。

## 万寿松声（调一剪梅）

#### 倪邦良

玉带溪湾一径绕,山自迢迢,水自迢迢。门前万壑起秋涛,风也潇潇,雨也潇潇。

石瓦清冷绝纷嚣。坐又逍遥,卧又逍遥。白云深处隐堪招,欲老渔樵,还问渔樵。

## 前 题
### 黄 彬

佛堂片瓦自天成,风过龙须绕寺鸣。
闲卧山房清睡觉,几回错认海涛生。

## 前 题
### 莫凤翔

风过岩松韵自生,听来堪喜又堪惊。
峡中倒泻三春雨,垓下初鏖十面兵。
夜露一天增鹤唳,秋涛半壑杂钟鸣。
赏心独有陶弘景,不恋人间鼓吹声。

## 前 题(调武陵春)
### 张锡麟

何处洪涛翻石瓦,坐久觉松声。万树摇空干纵横,常作老龙鸣。

最喜今朝闻古调,心耳一时清。此夜金风且谩晴,更与寺僧听。

## 前 题
### 黄国楷

古寺曾为祝圣坛,满山苍翠老龙蟠。
岩幽不用传丝管,最爱松声日倚阑。

## 前 题
### 陈希昊

万寿松涛涌半山,听来清泠透禅关。
龙吟虎啸秋风里,虬走蛇翻夕照间。
积翠浑成云暧叇,一鸣包尽水潺湲。
千年不改孤高节,远播休声讵等闲。

## 前 题
### 钟元辅

石瓦幽岩古木森,环山似盖绿成阴。
影摇涧底云涛涌,声撼空中风雨临。
几向僧窗惊客梦,还来禅榻杂经音。
龙吟自是清心耳,凉透胸怀爽彻襟。

## 前 题
### 黄名香

偃盖松经岁月深,岩阿时作老龙吟。
怒如卷浪归沧海,凉似含秋出翠岑。
禅榻梦回常半枕,石窗酌罢每平林。
溪声涧响遥相和, 片天然太古音。

## 前 题
### 张名扬

抱琴弹古寺,风清动三鬣。
声和指上弦,天然中音节。

## 虎溪夜月（调玉珑璁）

倪邦良

天一线，峰一片，夜来林际横轻练。闲云净，长栏凭，极目川原，玉波千顷。冷冷冷。

琼楼远，孀〔嫦〕娥怨，世情圆缺难如愿。人初醒，僧犹定，斗转参横，一声钟警。省省省。

### 前 题
黄日纪

月上东林夜景开，山僧禅定客徘徊。
却将一片梵宫境，化作琼楼玉宇来。

### 前 题
黄 彬

山海无云夜色深，当空孤月印东林。
棱层石上徘徊久，欲与山僧证此心。

### 前 题
莫凤翔

娟娟一片云中月，偏照龙公旧讲台。
满洞天风吹不散，一庭花影扫还来。
苍茫远岫螺痕簇，浩淼秋波练色开。
听法门前尤似水，山僧何事也徘徊。

## 前题（调醉春风）
### 张锡麟

览胜纷如织，入夜踪偏寂。冰轮推出照棱层，白白白。村酒沽来冷然亭上，试邀蟾魄。

景好今犹昔，虚度殊堪惜。故人何日续前游，忆忆忆。教我重寻倚栏题咏，旧时芳迹。

## 前 题
### 黄名香

海峤东林景最幽，怕人更在月悠悠。
金波长浣禅心净，清影常和佛火浮。
溪上流光明似练，松间踏碎冷如秋。
垂云楼外饶佳境，屐迹如从贝阙游。

## 前 题
### 林奇骏

当空高出白云低，石壁为台绕镜跻。
谩道旧题天一线，却能破暗刷尘蹊。

## 前 题
### 张名扬

夏夜避炎蒸，东林聊借寓。
趺坐月明中，尘烦渺何处。

## 前　题
### 钟元辅

石巢开佛国,入夜更清幽。
空际一轮月,孤潭万丈秋。
山寒犹见顶,水洁不闻流。
独有寻僧客,宵深尚倚楼。

## 鸿山织雨（调长相思）

### 倪邦良

风凄凄,雨凄凄。树暗南关古道西。江村天幕低。
花满溪,水满溪。烟缕霏霏望转迷。红铺深院梨。

## 前　题
### 黄国楷

景物鸿山雨更奇,随风飘拂细如丝。
龙宫索取鲛绡练,缫白抽青遍海涯〔湄〕。

## 前　题（调连理枝）
### 张锡麟

底事山灵幻,弄巧教人看。细雨如丝,南梭北杼,织成云片。任古时苏女的回文,逊天工手段。

## 前 题
### 黄 彬

云暗鸿山雨气零,南关古道客车停。
天风飘拂如机杼,织得嘉禾万亩青。

## 前 题
### 莫凤翔

此山佳在雨风中,风欲西来雨欲东。
疏密如经鲛室杼,横斜疑费玉人功。
苔痕未就茵千片,花样将成锦万丛。
宜画宜诗描不出,人工原不及天工。

## 前 题
### 黄名香

风声飒飒雨霏霏,镇日鸿山坐不归。
一片似分天女巧,万丝如出玉人机。
江边掷去罗纹细,关北飘来练色肥。
野草织成青满地,又来添作水田衣。

## 前 题
### 张名扬

到此山中断,横斜雨景奇。
关南游女伴,未解学机丝。

## 前 题
### 钟元辅

鸿山接海黑云披,风雨来时景最奇。
疑是鲛人呈幻技,借将此地弄机丝。

## 五老凌霄(调巫山一段云)

### 倪邦良

并立依霞峤,联翩自出鹭洲。一双太姥可同俦,身世总悠悠。

往事空江水,悲风古寺楸。年年自在碧云头,长啸海天秋。

## 前 题
### 黄 彬

五老生来不记年,饱听钟鼓卧云烟。
高标不管人间事,门〔阅〕尽沧桑总岿然。

## 前题(调临江仙)
### 张锡麟

重叠攒岘如五老,白头高出青霄。普陀半壁任逍遥。月明风定,同看海门潮。

庐阜五峰如见了,一时应让丰标。东林翘首路非迢。会成十老,来往可相邀。

## 前 题
### 黄利邦

海上五峰称五老,戴云吞日更霞餐。
高年石骨坚如铁,列坐霄中不怕寒。

## 前 题
### 莫凤翔

五峰联络起中天,闻道邦人比大年。
苍翠不分秋雨外,巍峨相对夕阳边。
琉璃影出松间寺,鼙鼓声沉海上船。
一室禅灯任兴废,长看列翠倚云烟。

## 前 题
### 钟元辅

谁从诸老问遐龄,霜雪难侵万古青。
海上五星来聚会,高排云际看沧溟。

## 前 题
### 张名扬

相约九霄去,俯观沧海日。
顾影自联袿,云开时仿佛。

### 前 题
#### 黄名香

五老巍峨自写真，青螺高卷不乌巾。
苍颜饱历风霜惯，峭骨多经岁月新。
漫向山中称宰相，聊从海上认遗民。
胸襟素抱凌霄志，世外烟霞寄此身。

## 鼓浪洞天（调满庭芳）

#### 倪邦良

白鹭洲前，筼筜港外，一簇水上林峦。渡头双桨，咿哑入沙湾。四面沧〔苍〕波碧嶂，几重叠，奔赴争环。须知道，江城犄角，形胜属弹丸。

君看丹壁处，云荒故垒，雨蚀颓垣。问剑峰印石，久息狂澜。四壁樯帆似织，都凑就，锦绣江山。风清夜，仙宫月满，歌吹遍雕栏。

### 前 题
#### 黄 彬

水中龙峙海波清，错落人家杂化城。
时有天风吹液起，噌吰镗鞳应钟声。

### 前 题
#### 黄利邦

曾为弱水隔三岛，鼓浪今看护洞天。
何时引却渔郎入，不问桃花觅钓船。

## 前　题
### 林国珍

孤峰插海一岩悬，平挹严城万井烟。
贾客风樯争倚岸，渔家灯火远连天。
人依石室凝心渺，浪鼓秋声入耳填。
访昔名贤栖隐处，数株松老不知年。

## 前　题（调风流子）
### 张锡麟

　　登临舒望眼，嘉禾里，鼓浪隔长江。爱孤岛截流，白砂萦把，远峰罗列，青案横张。片帆去，探奇寻洞壑，吊古话沧桑。二月碧桃，漫随流水，百年尘劫，休问斜阳。

　　回首重阳日，同关士□□，醉倒琼觞。一任露蝉群噪，霜菊孤芳。念时移物换，幸逢人健，鸟啼花落，休负春光。无限旧题新句，都付诗囊。

## 前　题
### 莫凤翔

红尘飞不到龙头，休羡仙家有十洲。
百丈丹崖开洞壑，四围苍水绕林丘。
山猿捧果无今古，野鸟衔花自去留。
老尽往来吟社客，年年明月送孤舟。

## 前　题
### 张名扬
闲云迷石洞，绿水绕紫〔柴〕扉。
晚棹西风急，人烟透翠微。

## 前　题
### 黄名香
水面飞来一洞天，珠宫贝阙踞山巅。
澄江不见翻银浪，旧垒犹存锁翠烟。
晓日光中开宝座，青云影下现金莲。
龙头鹿耳皆环立，长护高僧自在禅。

## 前　题
### 钟元辅
一峰秀出水中停，万顷波涛绕岛青。
自古洞天留胜迹，鱼龙鼓浪护山灵。

## 读鹭门八景诸名作聊成短章
### 曾朝英
数尽禾洲景色奇，天然绝胜画图披。
山川楼阁疑三岛，昏晓阴晴改四时。
到处登临堪适兴，因人雕镂各成诗。
个中佳句多崔颢，我欲更题懒构思。

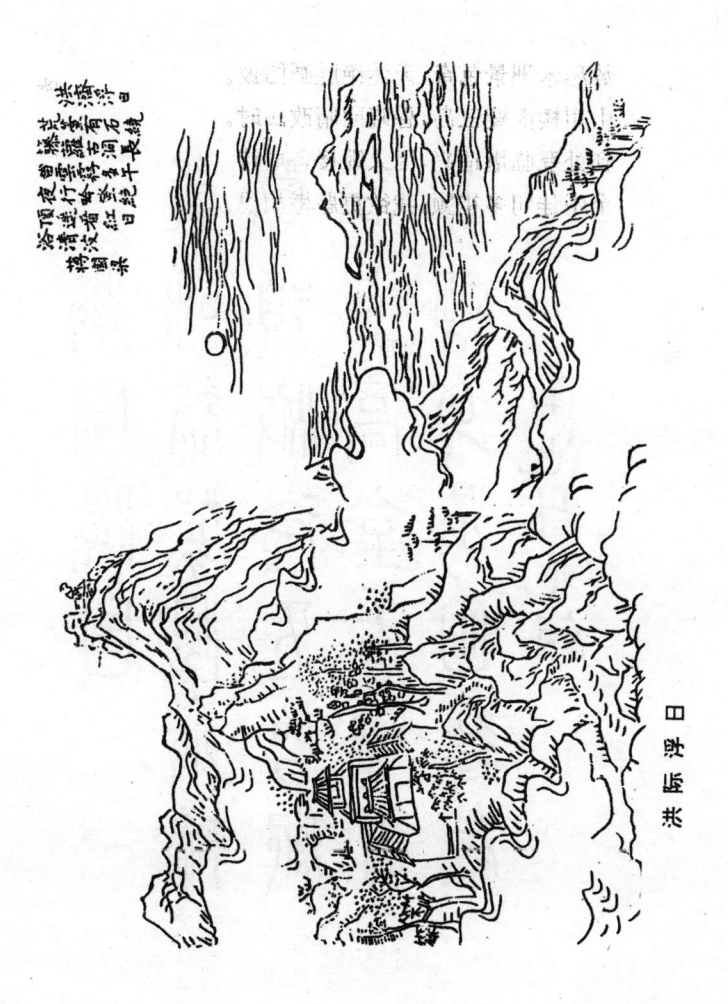

洪际浮日

羲皇高韵激於五色新
韵上高堂看砌出
分明身是画边人

南池林飞鲲

### 洪际浮日

羲和整驾涌金轮,万顷波光五色新。
试上高台看初出,分明身是日边人。

南池　林兆鲲

员当渔火

资笛渔火题深田倪明府舫肆满江红

月下澄江潭无际秋天一色向谁把长空装
缀幻成金碧初讶燃犀牛渚寇又疑赴市
鲛人集细端详点点出签箸渔邨迹看
不尽情无极一杯在手风生席叠云林迂叟
辋川移宅架水爱邻鸥渚渚挥毫恣写
烟霞癖待何时把钓永相随资笛侧
　　　　　南池林兆鲲

### 筼筜渔火  题深田倪明府舫壁（满江红）

月下澄江，浑无际秋天一色。问谁把，长空装缀，幻成金碧。初认燃犀牛渚夜，又疑赴市鲛人集。细端详。点点出笭箸渔郎迹。

看不尽，情无极。杯在手，风生席。羡云林迂叟，辋川移宅。架水爱邻鸥鹭渚，挥毫恣写烟霞癖。待何时，把钓永相随，筼筜侧。

南池　林兆鲲

阳台夕照

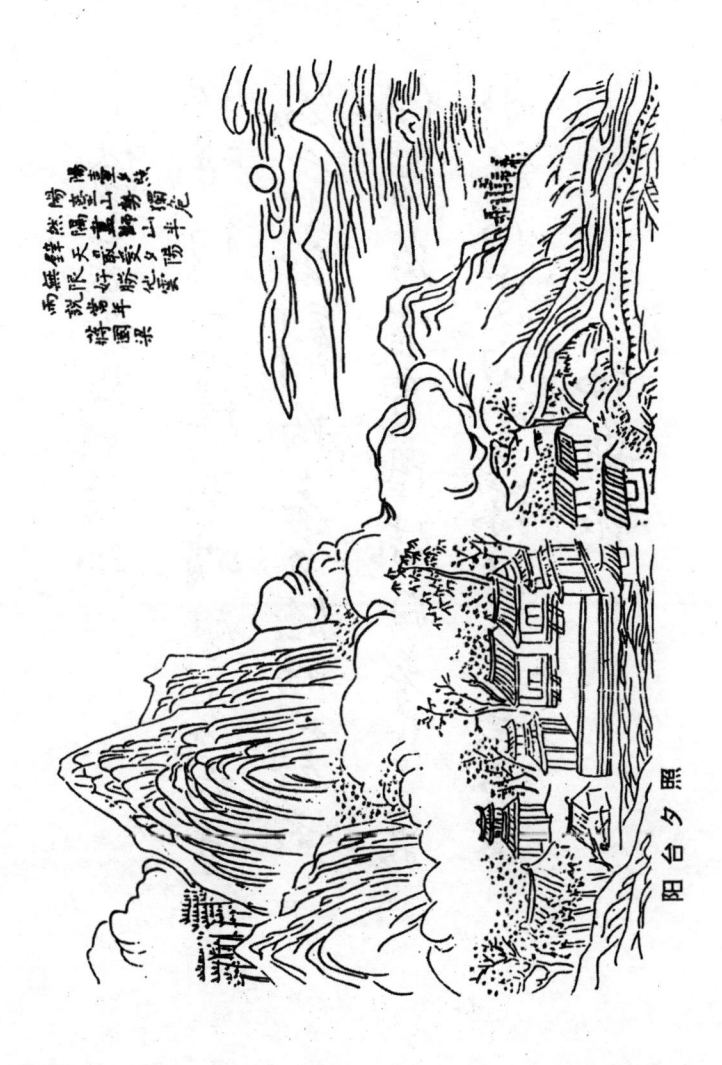

陶公尝画阳台夕照图
无限好斜阳欲敛文奎
梁将国采胜年胜斗

隔岸夕照胡桥埭
姊峰独立不嫌寒峭壁苍松向
碧家斜阳多少飞鸣山鹊声
俯瞰塔影日风流好梦些宽
不禁风雪白云踪迹一片孤山石
　　　　　　林正鲲

### 阳台夕照（胡捣练）

孤峰独立不胜寒，峭壁会〔绘〕纹自碧。

最爱斜阳无力，能映山颜赤。

偶然名字冒风流，好梦岂容承袭。

何处雨云踪迹，一片空山石。

林兆鲲

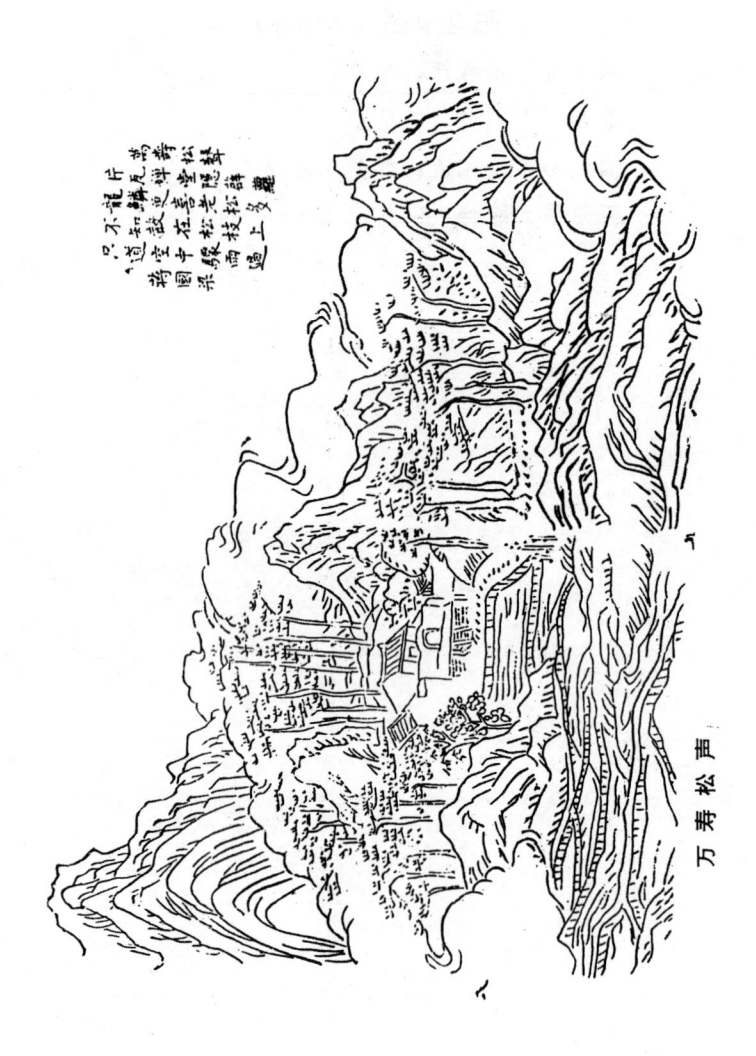

万寿松声

## 萬壽松聲

俗囂不可有天籟不可無靜向動中見禪理乃不枯君看萬壽寺邃、鎖空靈佛力鞭老龍幻作松千株時而銀潮擁時而鐵馬趨時而輕雷過旹而驟雨餘人世淫哇耳藉此一掃除山僧方入定片尾豕真如坐久形神曠今我亦忘吾

**南池林兆鯤**

## 万寿松声

俗嚣不可有,天籁不可无。
静向动中见,禅理乃不枯。
君看万寿寺,寂寂锁空虚。
佛力鞭老龙,幻作松千株。
时而银潮拥,时而铁马趋。
时而轻雷过,时而骤雨余。
人世谣哇耳,借此一扫除。
山僧方入定,片瓦参真如。
坐久形神旷,今我亦忘吾。

南池　林兆鲲

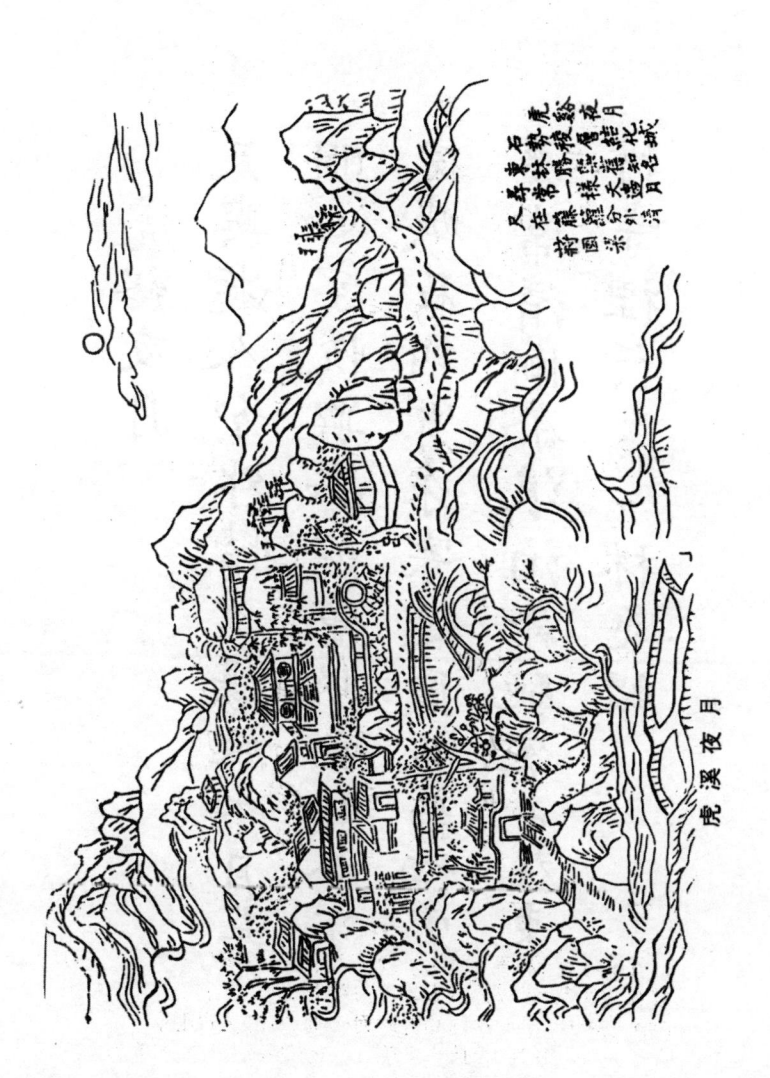

虎溪夜月

虎溪夜月，石秋带一样，天色已晚，月色清，风萧萧，孤飞鸿，横空挂晴月

虎谿夜月

天與遊人分外情夕陽縷下月華
明心空悦與無遮會眼豁鞋登不
夜城尼到宵来寒越瘦鶴於栖霄
夢常清慚余浪泊奔馳客也在東
林寺裡行　　　林兆鯤

### 虎溪夜月

天与游人分外情,夕阳才下月垂明。

心空恍与无遮会,眼豁疑登不夜城。

石到宵来寒越瘦,鹤于栖处梦常清。

惭余浪泊奔驰客,也在东林寺里行。

林兆鲲

鸿山洞图

潇湘夜雨

海龛蒸球云顷刻方将
而遂离情悦增惆怅鲛人桥
乞巧织七襄篌雾散成绣句
师成好奈池辰经纶技
尚池村龟鲲

### 鸿山织雨

海气蒸成云，顷刻而为雨。
迷离惝恍间，疑借鲛人杼。
乞丝织七襄，余霞散成绮。
雨师忒好奇，也展经纶技。

南池　林兆鲲

青霄撑古峭，峰峦积翠晴。
五老文章伯，苍颜列弟兄。
夫岂石骨顽，浑是神胎灵。
五老凌霄势嵯峨，霞光紫气满山河。
仙踪岂在云霄外，只在人间挥羽戈。

五老凌霄

五老凌霄阿须五岳图论,结伴沧江上阿须五岳图论,季多甲子阅兹荣枯更,斜阳外残碑古寺隅此灵韵,不管怕易向头顾

林飞鲲

### 五老凌霄

结伴沧江上,何须五岳图。
论年多甲子,阅世几荣枯。
往史斜阳外,残碑古寺隅。
山灵都不管,怕易白头颅。

南池　林兆鲲

鼓浪洞天

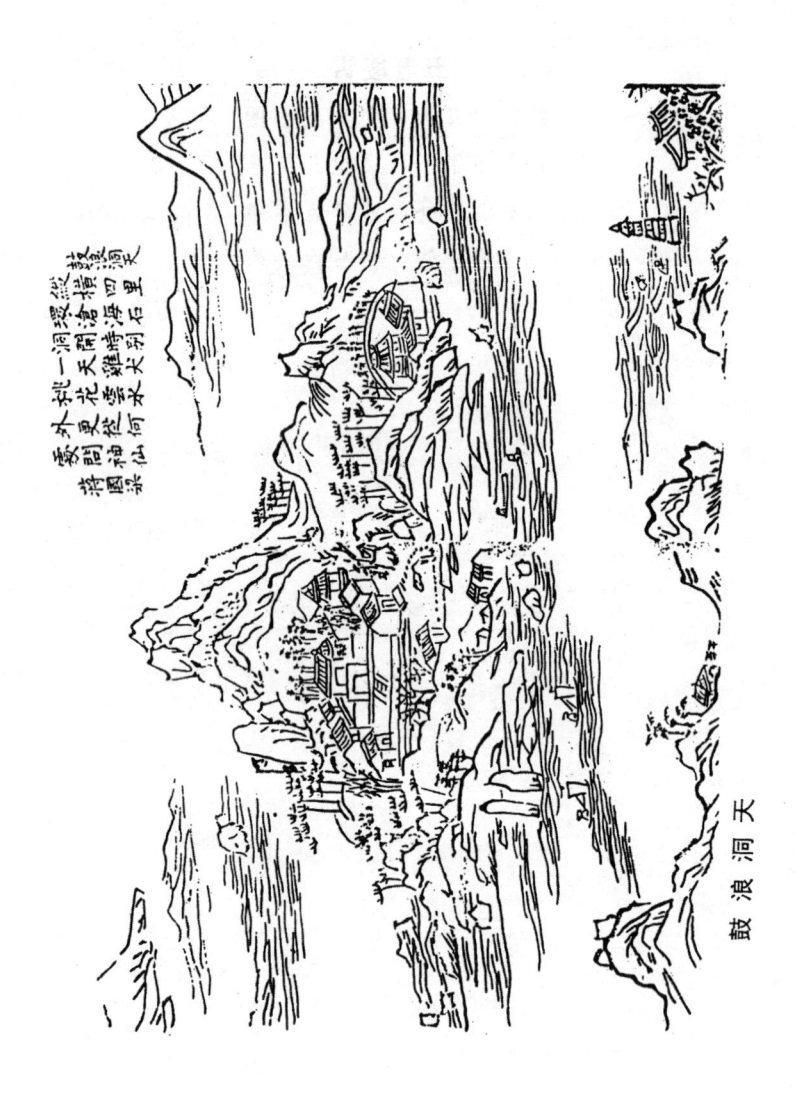

豪外一批小洞環繞
洪荒開闢混四里
詩國神遊費時多天別天
神仙來何處

鼓浪洞天鳳皇臺上憶吹簫

到處招遊一節儻假而今又欲乘船似
憑虛公子縹緲隨仙極目波濤萬頃息
露出雞犬人煙劃來窅鐘聲遠䄃
引入洞天　巖前老僧指點這一所村莊
曾戲征鞍有釣臺荒墨雨餘蓑笠披戴
況紗巳久鄰忘邵　帝力畊日醒說罷撇
韓一覺其醉雲端
　　　　林花鯤

### 鼓浪洞天（凤凰台上忆吹箫）

到处招游，一笻双屐，而今又欲乘船。似凭虚公子，缥缈随仙。极目洪涛万顷，忽露出，鸡犬人烟。新来客，钟声远接，引入洞天。

岩前，老僧指点，这一所村庄，曾憩征鞍。有旧台荒垒，雨蚀苔墁。折戟沉沙已久，都忘却，帝力耕田。听说罢，掀髯一哽，共醉云端。

林兆鲲

# 附二：艺文补遗

## 九 闽 赋

黄成振

稽鸿蒙之始，判茫茫坤舆，溯神圣之未兴。渺渺太初，九州环海而无外，赤县宅中以立图。（出邹衍）爰有大禹，经启九道，兽有茂草，民奠攸居。尔乃扰山川之平衍，揆人物之盈虚，鼓大化而亭毒，佐皇猷以纡舒。有乾先生者，探奇好异，阅历车尘，上自昆仑，下穷海滨。一日至牛女之野，乃肃巽老人而问故焉，（乾居西北巽位东南，故托言之）曰："濒海山川，莫秀于闽。职方启迹，唐有闻人。厥后炳炳，为樵为薪。某愿有闻也。"巽老人曰："青山环列，错错嶙峋。逢今盛世，郁郁彬彬。此岂不知乎"。乾先生曰："山川无异名，予用是致询。今之名公卿，轰轰震耳，所不知者，邃古之人。"巽老唯唯，愿为具陈。山右接壤，浙省为邻。联及两粤，周道可遵；扬州疆域，牛女天文，七闽权舆，五代纷纭，审知王闽，固始始闻（王潮兄弟，以固始之众，从王绪入闽，克定闽中。以桑梓故，独优固始。或云闽人皆出光州固始，实不尽然）。其山则崴嵬屹嵫，岊崶郁崬（山危而峻），或峨忽坠，或平忽突。其山泽则㴖㴖㴳㴳，泚泚㴜㴜（水漱流貌），沇溶瀺灂（水流声），溃泓没滑（广疾流貌），骇百丈之悬流，船落九天因风怒，惊数折之危滩。缆急紫云，倚石取耸。观东南海色，不堪视浩浩若无边，苍苍何所止。溯日本而东从，涉暹罗而西指（番国最大），苹末骤飓，浊浪阢桮，涓溁（浪卒起貌）濩洴（众浪声），拍空迷斗。于是相山川之盘结，而建府作州。百城雄南面兮，青山列万矛。婴堞若带而峻岌兮，浚隍若谷而旋流，其渠渠之夏屋星洌，募置于沧洲署禹。胶葛而凌汉兮，市廛杂沓而成邮。骇秧振之焘羃兮，嘎焚撩之离楼（闽人好饰宫室），其文人杰士，若比肩接踵而为俦，此固为公概言之也。请为公析言之。

国家仍制胜朝，八府分剖，迨乎台湾入籍，益一而九，同为我疆。福州为首。九仙屹立于东，乌石拱峙于西，大鹏乘云而北顾，甘果丛红而南低（即方山多橘树，唐天宝赐名甘果）。一夕飞来，升举山以名易（任敦升举于此，因名升山），秉烛夜游，芙蓉洞不幽迷（芙蓉山有洞）。全闽二绝，旗鼓堪携（见志）。至若五峰并列，现大佛之光华（五华山一名大佛，古田山），春色武陵，拟黄檗之槐花（黄檗山多桃树，古田山）。东南王气，凿荻芦而得血（连江，秦始皇时凿），云水相逢，空钟南以积霞（闽清道士，有"偶与云水会"之句）。道书福地，老树尚存高盖（永福高盖山，道书第七福地，徐氏饭牛于此，得仙术，植杖生枝叶，今树尚存）。洞口榴红，逐鹿未免恋家（府东有人逐鹿入洞，忽闻鸡犬声，有一人留之不可，因赠以榴花）。素女怜君，愿借一壳（螺女江事）。灵鸟浴池，一见为奢（鼓山巅有五色鸟浴此池，因名浴凤）。因之，正气积为忠节，佳气发于文章。涌白膏之数尺兮，味不腥而香（周朴不屈黄巢遇害，福州人）。羡知己而能言兮，志假手于上方（陈刚中忤秦桧死于贬所，侯官人）。绘图以进兮，仰郑侠之无阿（福清人）。回风有曲兮，叹林摶之徒伤（徽宗召见，弹悲回风曲，福清人）。曾学善走，张柔直之知机（问蔡京子弟善走，闽县人）。保全士类，叶进卿所为良（人比之李长沙，福清人）。至若道学一派，择之（古田人）可与季通以齐名，潘炳尽得正学而传芳。亦有赋诗见志。唐泰（侯官人）为闽南才子，廷礼（长乐人）推书画擅场。享诗酒之乐趣，曹学佺（侯官人）有托而逃（忤魏奄而归），仍投牒而家归。王安中七岩志长（隐七岩，闽县人）。由是，邻界而兴化回翔，清源堪挹，丹霞可望。（以上福州）。

陟壶公兮，数人物（蔡君谟，引水绕山，莆人物始盛）。步九仙兮，酌甘泉（因何氏兄弟得名）。钟石有门今何在（仙游有樵者遇一人，手指石门开而入）？白岩深秀旧横烟（仙游仙灵所集。以上兴化）。

忽流盼于泉山兮，紫帽覆云瞻在前。又历览于七邑兮，梅花（南安）古树握半肩（上多梅花）。小岞产怪石（惠），凤翥秀参天（德）。大轮（同）奔兮，三秀（同）羡齐妍，御兰（永）馨兮（上生异兰），乐山（永）瞩绝巅（高可望海。以上泉州）。

邻霞屿而为界分（一名圭屿，与同为界），视太武（漳之巨镇，濒海第一大山）而峣然，逼天柱（泰邑大山）而高起兮，顾天宝（入漳祖山）以联翩。梁山谁最秀，莲花（浦）特起钻云坚。龙岩又有异，天宫（山名）箫吹不纪年。类五星之聚奎兮（形家言，海澄五星归垣），祖粤龙而蜿蜒（形家言，澄邑龙自粤逆转而来）。为清漳之喉咽兮，镇沧溟而汇川（澄地大半是海。以上漳州）。

若夫破闽俗之塞陋，则有詹（欧阳氏，闽人举进士自詹始）藻（林氏与詹，刻意为学，莆人）匡物（周氏，郡人举进士自匡物始，龙岩人）；萃典册之华，增龙虎之色。畅理学之宗风，则有北溪（陈氏，见大全。龙溪人）、虚斋（蔡氏，著《蒙引》，晋江人）、紫峰（陈氏，著《溪说》，晋江人）、次崖（林氏，著《存疑》，同安人）、贤子（何氏楷，镇海人）；劳心力于经传，作先圣之羽翼，端后进之步趋，则有吉才（王氏明典礼，郡守延为弟子师，龙溪人）、真晟（讲行文公家礼，风俗始淳，镇海人）、林圭（六典文衡，致仕谓学，启迪后进，莆人）、方瀚（以教授为业，莆人）、光朝（林氏，以伊洛倡东南，莆人）、定保（傅氏首以太极西铭教人，晋江人），引掖殷勤，老而不息。瞻作史之良材，郑夹漈（莆人）、何镜山（晋江人）其选也。自成一家，古之遗直，进而数表，表之良臣，蔡君谟（政事文章天下第一）、陈俊卿（不附秦桧，封魏国公）、彭韶（所至如春风着物），仙□之气，独钟苏颂（居政府门，无私谒。戒疆臣，无得生事）、梁克家（风□修整，抗□立朝）、潘荣（宽和平易、见义必为）、蔡复一（有才干，善用兵）、俞大猷（□除积寇，大小百余战）。泉漳之继起，重重乃若，言无不直。曾诞（有玉山主人对客问，晋江人）、高登（绍兴廷对尽言，浦人）。郑鉴（朱子称有古诤臣风，莆人）、林俊（犯颜敢谏，莆人）、黄巩（正德南巡，请诛江彬，莆人）、林大辂等（□救黄巩，莆人），如挟雷霆以震群聋，疼哉后雕之松柏。林蕴（不屈刘辟）、陈文龙（母子同日死难）、陈继之（靖难不屈）、林衷之（死于金，俱莆人）、苏缄（知邕州死）、蔡道宪（死长沙，晋江人）、周起元（海澄人）、黄道周（镇海人，理学忠孝）等，轰轰烈烈，千古无终。其余文人秀士，泉石流馨，如崔唐臣、邱葵、南安翁等，美不尽于洛诵，名同昭于日星。岂易枚举其一二。惟见旧时之山色青青。请逆溯于汀，企乎延建，逮邵武而福宁。

卧龙瓒岘而嶙冥（府后镇山），金山纵双而清冷（上杭主山，水可炼铜）。豊有丹灶（清流），梁（武平）有幢经。"千年"倒书而同古（上杭）空悬兮（倒书"千年"两字于同古石上），三仙谈笑，而连城可听。翠华想士女之绮罗兮（宁化青春冶游之所），龙门映贵人而岭莹（永定左镇），汀水溅溅而南下兮（汀水南流），长空（滩名）秽秽而石停（中有大石，此危滩也）。其山嵯峨兮，其人多英。元白（隐）、莘叟（司理）、邓旦（隐）、文宝，虽隐显不一，而同有诗名。王恪（却馈置汀学田）、应章（三酸之），虽规为不一，而均是介石之贞。美哉！闽之上游乎，其山不削而成，其人彪炳而文明（以上汀州）。

十六洞天为武夷，十三福地有焦源。天下十大名山，渔梁算一。道书四七，福地芹溪。久论壶公瞰石壁之六字（殴〔瓯〕宁），子期（浦）师角里而返根（后居此山）。赓棹歌之，绝句幽哉。金鸡叫罢无人见，月满空山水满潭（朱子诗句）。玩幔亭之题咏工矣！猿鸟夜呼千嶂月，松篁闲锁一溪云。玉清洞里真人现，分水岭头闽地分（界西山）。谁把大王配玉女，乃来云谷（晦庵旧迹）对西山（蔡元定居）。集公（建阳山）书叶笔梦方还（浦山），积紫霞而为洲，成溪山之一览。立仁义以为石，判行谊之大闲。寒泉精舍，聿睹近思，一录天光云影，堪醉近老酡颜（俱朱子建）异哉。百丈之名，三郡同有（崇安、将乐、建宁俱有），诧众山之高峻，均危玑而不可攀乎（以上建宁）。

君不见九峰之崆凶兮（延平府镇），封山（将乐山镇）之崛屻，石帆（将乐山）张而方逝，含云（将乐山）晴而复郁。獬豸何以兆，七峰何以屹（沙县）。览翠云之别名兮（一名侍御，永安），赏百花之特菀（府），他若赤松采药于天阶之峻，梅福烧丹于华阳之蔚，栟榈有若武夷乎，闻猿有似铁佛，一穴落星，道南已协官占（龟山生处），数椽南溪，太成逑著皇敝（朱子生处。以上延平）。

溯麻姑兮已邈，看白鹿兮成灰（樊炼师事），类娥眉兮绝顶，乘云龙兮往来（道人峰事。以上邵武）。

问葛洪之所居，洪山篆文疑神光，从大姥之所栖（即西极），蓝溪水色没苍苔。临帝子兮，百辟集矣（宋少帝事），闻天乐兮，霍林渺哉（以上福宁）。

于是有胡氏之春秋（安国康侯），真氏之衍义（德秀西山），蔡氏之书传（沈元定子），积山川之光气，萃星宿于天地。或为晦翁老友（蔡元定季通），或推程门畏友（游酢定夫），而晦翁先受业于勉之。刘鞈之忠得谥，袁枢之史无欺，可谓显后世而昭当时。籍溪（宪，安国从子）、茆堂（宁，安国子），偕五峰（宏，安国季子）而三见，蔡抗（沉子）、朱在（熹子）信父书而不疑，周武仲之料金如神，大臣材未有比（宋高宗语）。杨勉仁（荣）之相度实声，名臣业以不微（以上建宁）。

尚矣倡道东南，龟山杨氏也。立程门之夜雪，鼓闽域之春风，龟山之门首仲素（罗彦博），仲素之学传愿中（延平）。陈继、廖刚之徒，识圣贤之旨，施于政而不穷。陈瓘、博文之侣，得道学之传，忤权奸而自雄。罗畸文海百卷，正之制策特工（子瞻称之）。林积还珠托言，故人张智颁书，欲使士豊（以上延平）。

乃光泽（县）之李郁，犹得传于龟山。邵武之希夷，亦得列于朱林。李方传道有精语，任干琢玉具贞心。晦翁待闳祖特异（留辑或问），西山知相祖尤深，卢奎毋我，论有大识；安期吊岳，诗有余音（百二十首）。伯纪（李纲）一世伟人，系社稷之安危，是其照耀古今者也（以上邵武）。

盖托股肱于宰执，而所受皆小人，寄耳目于台谏，而弹击皆君子。林温之言，何其似也。郑廷翰（虎臣）奋不顾身，亦有所以乎。他若倾家赀以赴难，忠佐文相（林駉），嫌松桂之余寒，廉名及水（谢翱）。杨复著述甚富，可上溯其源流（师朱子），尚德五经为本，亦知所以自喜。王荐之冬月生瓜，孝所致也。高颐之经国为志，其学是矣（以上福宁）。

噫，疆域虽殊，风化有自。缥碧素玉，隐赈崴嵬，而精气为独萃。至于朱子，集诸儒之大成，非一方之所能位置，乃观其截书，以见黄中（邵武人）曰：今日之来，愿再拜堂下，惟公坐而受之，俾进于门弟子之列。抑何言之溓也，是其若无若虚之志乎！列之诸贤，未见特典，升之十哲，允为表异。

乾先生曰："子之胸怀浩浩，文词超超，是片言而居要，非谈天炙毂而喧嚣，愿闻开风化者何人？焕人文者何朝？"巽老曰："相鲁三月，泽万古而有余；五府闽中，化四境而非遥。涤瑕盪秽，境垢启消。学校修明，礼乐不淆。先官于此者，至朱子而王昭，后官于此者，视朱子而伊教。"

乾先生曰："子之言约矣，尽矣！请问台湾。"巽老曰："以天下视之浮萍也，以闽地视之四郊也。其山东拥而西视，骞产而相交。高者葛曷而入云，深者寥廓而成巢。岗山映天水而苍倩，玉山挺直干若鞭鞘。下则广亩长沙，壮十里之雄图，鱼龙敛裹成市，鹿豕场边有徒。山气龙耸兮，人迹未遍，盘纡荋郁，一望荻芦。城有赤嵌，踞海上而截辟兮，浊泷环界夜相呼。砖城屹屹而相顾兮，喷浪蛟龙沫自濡。尔乃路分南北，牛车辚辚，日夜继驱。淡水上下，金气积寒，六月不渝，鲲身七粒，类星明于水面。半屏山势，倩云母以相扶。南北客商，笑笑语语，指南多由酉而达卯兮，仍系天文之牛女。海上诸岛，唯此最钜，今入版图，实为乐所。"请问物产，曰："物非殊尤，请勿复稽。橘柚（文旦佳）成丛，甘蔗成畦，平蒂蜀柑，含消汉梨，龙血（李）虮卵（柿），青门（台早熟）锦里（栗），物异而品齐。枇杷缀树之金，石榴沁齿之黎。紫陈（荔枝）荐骊珠之艳，翠颗罗霜苞之萋（柑榄），番檨堪登，荔奴可跻。龙团春色（茶），天香允怀，北苑新茗，造法最佳。木则有榕，挺干槮椮，槎牙连卷，从风苴苧。水族之金鲤银鱼，濯浪婆娑。子鱼（兴仕）、文蟹、江鮡、月蚌及龙虾，而巨鳌唅唱游泳，勋勋击波，《山经》《尔雅》之书未载，果谱，渔师之献实多。""请问保闽之策。"巽老人曰："神则无为，化不可知。"二人相顾而嘻，同作歌曰："穷万变兮一元，返无为兮莫言；调二气兮存存，视四境兮蕃蕃。"

## 嘉禾名胜记序

薛起凤

荔崖先生，廊庙中人也，而有山林之趣。岁癸未邀诸同志为汗漫游，具壶觞作东道，八阅月而兴不衰。每至一处，饮酒吟诗，必穷日之力而后反〔返〕。凡山之秀，水之清，台榭之曲析〔折〕，木石之奇特，无不低回留而不置。至于峭壁颓垣，荒烟蔓草之中，苔藓剥落之余，有题咏者辄命录之，固知先生之意有在也。自是以后，凡有所游，悉皆如是，而予亦时从先生，领略其概。今秋初议修邑乘，余有分辑之役。而先生适著《嘉禾名胜记》，互相考订，甚资丽泽之益。然余不过据事直书，以备一时采择而已。先生则务成一家言，铸句炼词必归整雅，故其书约而能该〔赅〕，华而不靡，细无不入，幽无不出，虽由笔妙，抑亦体会者深也。向之所欣，流连不舍者，意在于斯乎。而宇宙千百年之奇，于是乎尽辟矣。先生学博，无所不通，尤长于诗，耳目所经，有一善足收者，俱入罗笼，或加赞赏，或施点窜，不啻若自己出。今采其有合名胜者，付之梨枣，以公同好。其爱才之心，即庙堂中登明选，公之举也，宁第以纪游草视之耶。余窃窥先生之志，不揣固陋而乐为之言。

# 看山楼唱和诗序

### 薛起凤

黄子莲士，市隐者也。博览群书，工诗文，善书，屡以古学受知先辈。遭时不遇，辍举子业，遨游山水，探幽讨胜。足迹所至，发为诗歌，其言清新淡远，如春梅秋菊，不逐世绝，而一种幽香耐人玩味。草庵一集，有目者所共赏也。家徒四壁，积书万卷，因卖书于泉之西市。后徙于厦，所居之处，其隘已甚。而厦之能诗者，咸乐与游，促膝谈心。与贸易之人,迭为宾主,人不能堪,莲士自若也。适对门有肆,赁者别移,谋往购之,而无其力,几乎错过,余甚扼腕。有陈君允文者,尝见其诗,独喜购之,任其更张,无掣肘焉。莲士乃筑五尺之楼,旷其西南两面,时而登焉,游目骋怀,以乐其天,名曰"看山",从其外之所见者也。而能诗者往来其中,酌酒分韵,晨夕不厌,琳琅满壁,见者和之,闻者亦喜投之,遂得诗若干首。嗟乎!一楼也,地仅五尺,向使他人居之,不过寻常容膝之区耳,何令人慨慕不置哉?盖地以人胜耳,莲士而一富人也,不能以自安;莲士而俗士也,未必其偕至;莲士而诗人也,能诗者乃日扣其门;莲士而隐士也,慕隐者乃日造其室。以市中之嚣尘,五尺之湫隘,莲士居之而往来者乃有天空海阔之致。孰谓地能限人也,孰谓人必富贵哉。今将以其诗付之梨枣,以公同好,而请序于予,予故表莲士之品,而纪其得楼之由云尔。

## 看山楼唱和诗记

### 黄莲士

乙亥冬,儿辈于鹭岛和凤后堡,赁廛墨耕,余于晋水往来其门苦其湫隘。戊子仲秋,借良朋力始得移廛对宇。廛之后,地势凭虚,架小楼辅之。楼辟二窗,其南对峰窠石、凤凰山一带,其西则鼓浪屿、大观山在焉。昔诵唐人诗有"临街新起看山楼"之句,心焉爱之,而景适与称,因以"看山"名楼。楼之大只五尺,与廛合而丈有奇,束楼瓦之水巡檐而归一筒,壁之半,窗之下,以笕承之,绕楼而下于渠,小作泉声,大作瀑布。中有书万卷,炉香茗碗,花鸟盆鱼,时与心会。地去海不数武，风帆贾舶，欸乃渔歌，亦时闻于耳。每月出则由南牖过西窗，楼中常得月。诸同志尝相过从，谈笑言欢，或拈韵赋诗，或论文对酒，历寒暑无间。而鸡坛巨宿，秋水伊人，亦复闻声相思，不吝珠玉，寄和佳章，邮筒远至，可谓一时之盛事矣。独以衰白之年，未能远脱尘寰，恩得半间习静，生涯付之孙曹，而蒙群公不弃，投赠琳琅，羁旅之中，顿忘寂寞，是老人之厚幸也。今有好友翁石廷、瑞雅为付梓，因纪其由，余惟日对窗前山，吟诸君佳咏，以寓仰止之怀云尔。

## 凤凰山石泉记

**林遇青**

余谒吾师于凤凰山榕林别墅，适张君伯纲在焉。因论山海巨观，此地为最，惜少一道山泉耳。张君曰："去此数武即有之，子未知乎？"遂导余从曲径过小巷，一转即至其地。但见人居稠密，沟边潢潦交流，中有旷土数尺，旁有大石，而泉即从石罅中出，小童老妪纷纷以竹筒取水。余询之，老妪谓余曰："是泉日夜不息，大旱不竭，少顷不取，遂洋溢旁流矣"。余曰："噫！异哉，斯地也而有斯泉也，何余生长鹭岛未之闻耶！"昔闻王者之世，则有醴泉出，饮之而甘。酒泉郡则有酒泉，饮之而味似酒。天阶山则有乳泉，饮之而登山如飞。数泉者皆以泉得名，而藉藉人口。惟有贪泉盗泉，始见弃于正人君子，而亦即以贪盗名其泉。是泉磅礴四出，应必有得天地之正气者，不幸屈于庸耳俗目之前而泯泯无闻也。抑又思之，天下之屈于庸耳俗目者，宁独是泉也。即士抱非常之才，当类处之日，而庸耳俗目亦几何不以潢潦沟边之泉相视也。然所贵乎泉者，有不息不竭之源，则虽见屈于庸耳俗目，必能见赏于有识者，是泉固不以无闻为憾，而凡类是泉者，亦可释然矣。徘徊久之，未忍即去，因叹是泉不有终屈之日，而嘉旅君有拔俗之见，归遂作石泉记。时丁亥四月二十有六日也。

# 榕林别墅记

### 林遇青

榕林别墅，吾师荔崖先生游息所也。先生自枢府再归，卜筑于斯，以其地多榕，因以名墅。墅中有堂数楹，有台、有亭、有池、而多怪石。有阁从空屹立，高数丈余，四面回栏，是谓摩青。自阁而右，为雾隐楼，为得月轩。自阁而左，则蹋云径，百人石在焉。先生优游其间，时而投竿饵鱼，时而莳花种竹，或登高望远，则太武、华圃、大观、虎溪、仙岩、鹿洞诸胜罗列目前，而且俯视大江，舸舰迷津，波涛潮汐，变幻万端，不知其所穷是。墅中可乐之胜概有若此，而青独知先生之所乐，有不独在此者。夫人之所托既远，则其所乐，必更有深。先生藏书万卷，学博无所不通，虽兼众艺，尤长于诗。每客至辄具酒食对饮，饮余或联吟或倡和，竟日不倦。客诗中有一字一句未当者，必为辨析毫芒，使之了了。胸臆间，推先生之意，直欲以己所独善者，公诸同人焉。其性量之广大，有若是也。故鹭岛一时能诗之士，得自先生为多，如孝廉薛晋侯、山人黄莲士，皆籍籍名下士，而与先生往复论说者也，意先生之所乐其在斯乎。当前佳景，适趣而已。抑又闻之温公归洛时，年五十余，构独乐园以自娱，及再出而任天下事，大满苍生望。先生学有经济，早岁莅官，久为同僚所推许。兹尚在强仕之年，官檄频催，则斯景斯乐，亦非可多得之期。青日从先生游，虽未能仰窥万一，退而执笔以记。庶几岁时频易，人事屡更，或可不忘此日之胜游也已。

## 渔城诗草序

蔡天任

士之能自振拔者，必有超然不群之概，加以潜心为学，而后足与有成。吾友林君学古士也，少负逸才，与余共游于荔崖师之门，每为吾师所深许。弱年补弟子员，肄业玉屏，每岁晚，师友解馆，林君独在院度岁者三。已而山长蓝古萝先生，应嵩山骋，又不远千里从游，是其笃志为学有若此者。自髫年即有志古艺士之林，以故生平著作极富，若古文诗词，无体不讲究，观察蔡公见其《期门欸飞赋》，便叹为才士。他若《此君传》《游醉乡记》《仲兄墓志铭》诸篇，尤为诸同人所击赏。今年未及壮，积稿盈箧，兹特选其诗若干首，先付梓人。夫诗以写性情，心思之邪正，学问之浅深，于兹见焉。林君之诗，宗法唐人，或沉浸于开元，或含咀于大历，一字一句无不规抚前哲。而其间，序事说理，则独出以真性真情。视世之借风云月露为骚坛倡和者，相去奚啻霄壤，则读其诗可以知其心思学问之卓越寻常，并亦可想见其稿中诸体之作，无不类如斯之熨帖完美也。余所谓士之能自振拔者，其林君之谓欤。他日者，本此温厚和平之旨，以为清庙明堂之响，自可拭目而俟，又何庸予啧啧多赘哉。第以数年来聚首榕林，日同受提命于荔崖师，林君独善承师训，发为文章，以无负殷勤诱掖至意。若余者庸碌不材，对此自愧，亦因而自励也。是以乐附数语于简末云尔。

## 张母黄孺人节孝传

### 蓝应元

余为玉屏山长，有及门张生承模道其母黄孺人之行，请立传。余闻其言而喟然曰："贤哉孺人，斯非独一时之荣，亦斯世之所希有者也。"孺人系出鼎山黄氏。鼎山者，余妹所归族也，与余为姻戚，闻之甚详，因备书其事。孺人年及笄，归张君维赓，为张家妇，事舅姑甚得其欢。张家颇饶，自介妇以外，婢妾臧获，俱能待以礼。姑尝疾，侍汤药，衣不解带，数十日不倦。张君以攻书过苦，得重疾，孺人求以身代，及其终也，水浆不入，誓不欲生。方是时，孺人有数月之娠，姑劝之曰："若死，而夫无后，何益于我？"乃勉强食饮，既诞承模，益自刻励，谓是儿成立，夫手泽庶不至废坠乎。阅数年而姑殁，哀毁逾节，遂以不起，告诸介妇曰："向所以不死者，为藐孤计耳。今已稍长，幸翁犹健，可以教督，吾从姑于地下，以见吾夫愿足矣，复何求哉。"竟不服药饵而殁。嗟乎，世固不乏孀妇耳，因其丧耦〔偶〕而多蓄怒，不敬其尊，不睦其等，不恤其下，虽清操无亏，而细行莫检，亦不足以树巾帼之型。若孺人者，诚可以风来俗，而昭国史矣。

## 翼社谱序

叶其苍

窃惟道德文章需唱和于鸣鹤,性命肝胆通瘝瘵于断金。岁在□□,序属①,同学诸子,共订嘤鸣,鸠集文坛,同歌伐木。慨自古处不敦,寒盟可叹,朝谈心而与聚,夕割席而自甘。弗深誓日之交,顿弃如兰之契,胶漆莫续,风雨曷贞,虽仰质于神明,究何益于心性。惟尔诸君,克敦凤好,思勉将来,缔印友于弓招,幸有美而必合,喜涧〔渊〕源之派出,乃相得而益彰。奇相赏,疑相析,勿党援而标榜虚声;害不避,利不趋,勿怀贰而深情饰说。有过则面戒,勿退处而有后言;有美则共成,勿旁观而为袖手。援青松以为誓,节忧乐则命脉交孚。指白水以盟心,吉凶则同众一体。应求于攻错,佩绂于醇醪。桃李争荣,踵西江之胜事,菁莪竞秀,擅罗山之风流。振文学于海滨,云蒸霞蔚,翼统绪于圣世,凤起蛟腾。车乘频赓,谷风靡慨,盍簪共占于此日,丽泽用缔乎千秋,倘有谬违,前徽奚质。

## 赠郑魁万庐墓赐恩

林鹏杨

风木情深结屋时,相传驯虎事尤奇。
赐恩景色犹凄楚,岭上新镌孝子碑。

---

① 疑漏字。编者。

## 赠陈烈女
### 赵 磐
苏门贞妇陈家女,慷慨投环实可伤。
自欲杀身成己志,岂缘姓字载缣缃。

## 游 中 岩
### 杨国春
万峰回转似长虹,鼎立三岩独处中。
巨石削临深涧险,幽泉飞下小潭空。
沂流桂棹当窗见,避世桃源有路通。
薄暮东西烟气合,一声梵磬两声钟。

## 隔窗灯影
### 刘天泽
淮将灯火挂窗西,漏影依稀色不齐。
借得余辉休映雪,偷来末焰罢燃藜。
玲珑恍似明珠现,掩映还疑皓月低。
破壁观光应有日,暂时阻隔莫痴迷。

## 秋日宴集瑞晃庵
### 黄继仁
古寺门前泊画船,葭苍水碧雁来天。
因寻名胜铺歌席,都〔却〕喜鱼龙近舞筵。
断霭初收遥浦雨,晚炊争起隔江烟。
玉山已见颓如许,地生〔主〕何劳酒似泉。

## 万宫保平金厦两岛废碑

### 曾朝英

元戎削乱壮邦基,石碣铭勋在水湄。
尘土沉埋伤此日,人心感戴想当时。
海田从古有还变,风火适然兴讼词。
但勿深愁陈迹渺,谁曾亲见岘山碑。

## 和张尔黻观霞(次韵)

### 曾朝英

碧天春霁暮凝霞,遥映高斋一片斜。
云气日光相激射,山容树色倍菁华。
闲来静瞩心无事,老去豪吟兴未赊。
赋就新篇多丽彩,殊惭难和强涂鸦。

## 清源怀古

### 林发春

一上齐云洞,悠然吊古情,青山因汉号,古郡以泉名。
仙子今藏骨,越王昔避兵。文章龙虎榜,弦诵鲁邹声。
税驾唐朝宰,环江晋代英。松遮洛阳道,花满刺桐城。
双塔云中圯,六桥天际横。鱼盐杂交广,洲渚恍蓬瀛。
陵谷畲皆垦,沧桑海可耕。木棉衣蔀屋,荔子贡神京。
洙泗渊源接,闽濂道派清。累累六相印,发发五侯鲭。
带砺天南重,金汤岛外萦。登高无限意,作赋颂升平。

## 春日寄郭拱山进士
### 林翼池

借得僧房半榻开，绿痕新破没阶苔。
南楼未歇经宵雨，西圃犹疏带雪梅。
每忆双溪追胜处，那从一苇隔春台。
况今上国观先〔光〕去，肯撇簿书掷字来。

## 赋得渔妇晓妆波作镜（限韵）
### 薛起凤

天铸菱花碧海滨，渔家借鉴晓妆人。
朝霞乍映奁生彩，宿雾初收镜绝尘。
髻挽波间云影绿，眉描水底月痕新。
梳成欲理丝纶事，犹向中流细认真。

## 同集虎溪岩
### 黄云鹰

虎溪洞壑势嶙峋，雅侣追欢到此频。
一径榕阴如步障，数椽禅室隔红尘。
静中会悟心应豁，幽处吟成句尽新。
独幸叨陪随杖履，时从末座醉醒醇。

## 同游虎溪岩
### 蔡天仕〔任〕

棱层石上共登临，俯视岩前洞壑深。
覆径古榕新雨洗，环墙嫩篠晚烟侵。

蝉鸣杂树声犹曳，日挂遥峰色转阴。

最爱虎溪多胜迹，追扳白社有同心。

## 冬日重游荷庵联句十二韵

频入芦花岸（莲士），重来访佛图。小桥通水曲（晋侯），净室对山隅。阶绿萱犹在（荔崖），篱疏菊渐无。柳条全减翠（希五），桱〔枫〕叶已成朱。台耸添新景（春三），林空失旧株。堆云岩暧䏁（则兼），带雾洞模糊。茗碗清谈爽（莲士），诗瓢雅兴俱。看书评内史（晋侯），辨画识倪迂。讲道开莲社（荔崖），论禅笑野狐。尊芳倾竹叶（希五），饥洁供伊蒲。形迹心常化（春三），芝兰味不殊。何妨仍潦倒（则兼），尚待夜光珠（莲士）。

# 曾朝英[①]跋

梧山薛先生，淹贯古今，著《鹭江志》四卷，于山川、风土、人物，固已搜采无遗矣。以名胜八景未及备载，并杂见诗文，有宜登选取者尚多，将汇成一卷续之。而钟子弼臣、陈子克若，素耽风雅，遂并出赀付剞劂，于以见先生不遗余力，而钟、陈二子之好善，能成其美也。

时庚寅年仲冬，晚弟曾朝英顿首拜跋。

---

① 曾朝英，清代同安县厦门人。乾隆四十四年（1779）举人。有文名，工书画，兼精篆刻。

梧山薛先生淹貫古今著鷺江誌四卷於山川風土人物固已搜採無遺矣以名勝八景未及備載儻雜見詩文有宜登選者為多將彙成一卷續之而鍾子彌臣陳子亮若素耽風雅遂並出賞付剞劂於見先生之不遺餘力而鍾陳二子之將善繼成其美也

時康寅年仲冬晚第曾朝英頓首拜跋

# 辑佚补缺

# 卷之二

## 职　官

### 文　秩

**国　朝**

　　**兴泉永道**　康熙九年设，分守兴泉道。雍正五年移驻厦门，兼衔巡海，九年改分巡。十二年，兼辖永春州。乾隆三十二年，加兵备衔。未移驻前详《泉州府志》。

　　满云鹓　镶红旗人，举人，雍正五年任。

　　张廷枚　正红旗人，五年任。

　　刘而位　汾阳人，举人，七年任。

　　王丕烈　青浦人，进士，乾隆五年任。

　　西　泰　镶黄旗人，六年任。

　　高景蕃　仁和人，进士，十年任。

　　刘良璧　衡阳人，十二年任。

　　白　瀛　兴县人，进士，十四年任。

　　李星聚　丰县人，荫生，二十三年任。

　　宫兆麟

朱　椿　娄县人，监生，二十六年任。
谭尚志　南丰人，进士，二十七年任。
孙孝愉　兴县人，荫生，二十九年署。
蔡　琛　富明人①，二十九年任。
张　镇　海丰人，监生，三十四年署。
王　绶　掖县人，举人，三十四年任。

**海防同知**　旧驻泉州府城。康熙二十五年，移驻厦门。

姜立广　大兴人，康熙二十五年署。
范宏遇　镶黄旗人，监生，二十九年任。
黄建中　正白旗人，监生，三十三年任。
张　岐　镶红旗人，监生，三十五年任。
姚应凤　镶红旗人，监生，三十七年任。
钱　浚　山阴人，监生，四十三年任。
黄　谔　无锡人，拔贡，四十六年任。
赵国器　正蓝旗人，官生，四十九年任。
黄　焜　正白旗人，监生，五十一年任。
时维豫　镶黄旗人，贡生，五十六年任。
范廷谟
耿国祚　大兴人，举人，雍正元年任。
冯　鉴　振武卫人，监生，二年任。
陆箕永　青浦人，生员，五年任。
张嗣昌　浮山人，贡生，六年任。
朱叔权　山阴人，吏员，七年任。
李　璋

---

① 清末设富明县，疑为富阳县。

胡宗文　金溪人，举人，九年任。

杨翼成　淮安人，举人，十二年任。

梁须梗　正白旗人，监生，十三年任。

徐士俊　江夏人，进士，乾隆十年任。

胡　格　江夏人，进士，十一年任。

许逢元　益都人，监生，十三年任。

觉罗四明　正蓝旗人，笔帖式，十七年任。

杨　愚　兴县人，进士，二十一年任。

刘　增　镶红旗人，举人，二十二年任。

刘嘉会　正黄旗人，贡生，二十五年署。

邹召南　汉阳人，进士，二十八年任。

程　霖　永宁人，附贡，二十八年任。

黄　彬　汉川人，举人，三十年任。

杨廷桦　大兴人，进士，三十一年署。

张思振　齐东人，三十一年署。

黄　彬　三十一年回任。

王　润　元和人，监生，三十四年署。

**石浔司巡检**　顺治十八年，移烈屿巡检驻石浔。康熙十九年移驻厦门，仍名石浔。

沈寅俊　无锡人，吏员，康熙十八年任。

程体文　利津人，吏员，三十七年任。

陈振鳌　徐沟人，吏员，三十七年任。

武登云　大同人，监生，五十一年任。

方　时　宛平人，供事，雍正元年署。

赵　绎　郾城人，吏员，六年任。

李　淳　宛平人，供事，七年任。

倪仁锡　大兴人，仓书，十年任。

曾　铵　大兴人，仓书，十年任。

陈自芳　沣州人，典史，十三年任。

王　仁　东阳人，书吏，十三年任。

方辅悟　桐城人，贡生，乾隆二十二年署。

易祖愉　东阳人，吏员，二十四年署。

金璧荧　遂宁人，攒典，二十四年任。

李　玺　德庆人，监生，二十八年署。

胡昌晓　大兴人，监生，二十八年署。

胡振纪　大兴人，监生，二十八年任。

钱宗贤　慈溪人，供事，二十九年署。

胡振纪　三十年回任。

史士镤　金坛人，议叙，三十一年署。

史鹏年　溧阳人，监生，三十一年任。

朱　镐　吴县人，吏员，三十一年任。

## 武　秩

**明**

中左所守御千户所

**正千户**

赵　熊　成化年任。

韩　贤　仪安保人，成化年任，增筑厦门城。

**副千户**

韩　勇　成化年任。

赵时赞　涉县人，阵亡，嘉靖年。

李守愚　益阳人。
　　吴继盛　邳州人。
　　赵完璧　时赞子。
　　吴世绩　邳州人。
　　李逢华　益阳人。
　　黄　銮　祥符人。
以上嘉靖间。

## 百　户

　　彭　添　西安人，天顺年。
　　阮　升　成化年。
　　倪　晓　侯官人。
　　黄　成
　　卞　钊
　　孟　贤
　　萧　旺
　　陈　宽
以上俱成化年间。
　　黄　衮　嘉靖年。
　　倪大栋
　　吴　泮
　　彭　晋
　　程景明　西河人。
　　阮应南　滁州人。
　　倪辉宗　侯官人。
　　吴南春　潜山人。
　　彭商锜　西安人。

以上嘉靖间。

  阮文澄　嘉靖壬子中式武举。

  王道成　嘉靖戊午中式武举。

**试百户**

  陈　椿　沅洲人，嘉靖年。

  陈奇勋　杭州人，万历年。

**镇　抚**

  陈万春　同安人，万历年。

**南路参将**　万历二十年，自漳州移驻。

  徐为斌　万历三十五年醉仙岩刻有《征倭诗》。

**浯屿水寨把总**　景泰间号名色把总；嘉靖中，为钦依把总。

  丁　相　以兴化卫指挥佥事调守。

  林武苴　晋江人，武进士，万历间。

  唐澄济　晋江人，指挥佥事，万历间。

  王梦熊　晋江人。

  沈有容　宣城人，万历己卯武举。

**浯铜游指挥**　隆庆四年增设，驻中左所。

  王梦熊　晋江人。

  呼鹤鸣　武举，以镇东卫把总署。

  丁　赞　天启间任。

**浯屿游**

  翁元辅　万历间任。

**澎湖游**　万历二十五年增设，属南路参将，驻厦门，而澎湖其遥领也。

  张天威　莆田人，启祯间。

**浯铜哨官附**

　　林壮猷　同安人，崇祯间。

# 国　朝

**水师提督**　康熙元年置，驻海澄，八年改设总兵官。十六年复置，驻漳州。十九年移总兵驻厦门。寻水师提督亦移厦门。二十三年改总兵于南澳镇，而厦门专驻提督，领中、左、右、前、后五营。

　　施　琅　晋江人，康熙元年任，二十一年再任。

　　杨　捷　义州人，十七年任，兼陆提。

　　王之鼎　十八年任。

　　万正色　晋江人，十九年任。

　　张　旺　山西人，三十五年任。

　　黄芳世[①]

　　吴　英　三十七年任。

　　施世骠　琅子，五十三年任。[②]

　　姚　堂　漳浦人，六十一年任。

　　蓝廷珍　漳浦人，雍正三年任。[③]

　　许良彬　海澄人，七年任。

　　王　郡　陕西乾州人，十一年任。

　　张天骏　钱塘人，乾隆十一年任。

　　林君升　同安人，十六年任。

---

　　①　据《清代职官年表》，黄芳世作"黄世芳"，康熙十六年任，应排在"杨捷"之前。

　　②　据《清代职官年表》，"五十三年任"，应为五十一年任。

　　③　据《清代职官年表》，"雍正三年任"，应为雍正元年任。

李有用　长安人，十七年任。
胡　贵　同安人，二十二年任。
马大用　淮安人，探花，二十三年任。
马龙图　潮阳籍，晋江人，二十四年任。
甘国宝　古田人，武进士、侍卫，二十六年任。
黄仕简　平和人，世袭一等海澄公，二十八年任。
吴必达　同安人，武进士，三十年任。
林国彩　同安人，三十三年署。
叶相德　仁和人，武进士，三十四年五月任。

**参　将**

郭敬禄　正蓝旗人，康熙十八年任。
郭元章　平和籍，固始人。
陈　昌　二十年暂理。
张　旺　太原人，二十三年任。
罗士鍼　饶平人，二十八年任。改设副将。
方　冰　福清人，三十五年任。副将。
杨明镜　天津人，三十九年任。仍改参将。
刘国柱　徐州人，四十二年任。
陈一鹄　海澄人，四十六年任。复改副将。
尤　鹏　南安人，四十九年任。副将。
叶国鼎　江南籍，闽县人，五十一年任。副将。
阮蔡文　漳浦人，文举人，五十三年任。仍改参将。
聂国翰　平和人，五十八年任。
倪　兴　晋江人，五十九年任。
李若骥　同安人，六十一年任。
陈　惠　海澄人，潮州籍，雍正五年任。

张起云　山西太宁①人，七年任。

张天骏　钱塘人，八年任。

潘林祚　福清人，十年任。

黄　彩　晋江人，十二年任。

王　清　海阳人，武进士，十三年任。

高　地　同安人，乾隆三年任。

任文龙　永嘉人，五年任。

施必功　晋江人，六年任。

邱有章　晋江人，八年任。

沈廷耀　诏安人，九年任。

聂吴昭　吴川人，十二年任。

张　灿　漳州人，十四年任。

张　勇　惠安人，十五年任。

林　贵　晋江人，十七年任。

蓝国机　漳浦人，十九年任。

王陈荣　同安人，二十年任。

谢王福　晋江人，二十四年任。

姚应梦　潮阳人，二十五年任。

温　泰　东莞人，二十六年任。

朱承祚　高要人，三十一年任。

## 守　备

丁世芳　福建人，康熙十五年任。

顾　涌　广东人，二十年任。

朱家桂　陕西人，二十二年任。

---

① "太宁"，疑为大宁。

赵登龙　常平人，二十七年任。

吴宏才　靖远人，三十二年任。

马　虎　浙江人，三十三年任。

康国柱　漳州人，三十四年任。

阎三玉　宁夏人，三十九年任。

谢　兴　泉州人，四十三年任。

江　虎　宣府人，四十九年任。

曾　选　漳州人，五十四年任。

郑　台　连江人，雍正元年任。

马铭勋　巩昌人，六年任。

李　兆　广东人，七年任。

孙应龙　福州人，乾隆四年任。

刘宗源　福州人，六年任。

鲍　宗　杭州人，九年任。

丁士武　福州人，十年任。

卢武略　武昌人，十四年任。

江邦春　漳浦人，十九年任。

詹殿擢　闽县人，二十年任。

王　斌　闽县人，二十三年任。

谢王福　晋江人，二十五年任。

王　斌　二十六年五月任。

陈　达　同安人，二十七年七月任。

林　福　闽县人，二十九年任。

刘宗宪　同安人，三十一年任。

## 左营游击

康　共　苏州人，康熙十八年任。

阮钦为

张　旺　太原人，二十二年任。

朱　明　莆田人。

陈　敬　海澄人，二十四年任。

丁　斌　武进人，武进士，四十年任。

尤　鹏　南安人，四十二年任。

聂国翰　知州人，五十年任。

王　鼎　同安人，五十五年任。

林佳住　惠安人，世职，五十七年任。

韩嗣惠　龙溪人，雍正元年任。

魏国泰　同安人，五年任。

郑良达　闽县人，七年任。

潘林祚　闽县人，八年任。

林黄彩　晋江人，十年任。

林　洛　晋江人，十三年任。

刘　使　同安人，乾隆四年任。

林　洛　五年再任。

郑李信　闽县人，七年任。

聂吴昭　吴川人，十二年任。

林　贵　晋江人，十四年任。

林　竿　同安人，十五年任。

欧阳敏　漳浦人，难荫，十六年任。

蔡　仁　同安人，十八年任。

陈应钟　长汀人，二十一年任。

洪　福　晋江人，二十三年任。

陈　隆　同安人，二十四年任。

许友胜　莆田人，二十四年任。
　　朱承祚　高要人，二十七年任。
　　陈国泰　霞浦人，三十年任。
　　许焰璘　晋江人，三十四年任。

**左营守备**

　　陈　元　惠安人，康熙十八年任。
　　郭　梅　旌德人，三十三年任。
　　李鲁柱　泉州人，三十四年任。
　　许　华　同安人，三十七年任。
　　欧　鹏　海澄人，五十一年任。
　　许　鹏　海澄人，五十二年任。
　　刘　使　同安人，雍正二年任。
　　蔡国骏　漳州人，六年任。
　　蔡　功　海澄人，十年任。
　　施必功　晋江人，十年任。
　　李　嘉　揭阳人，十一年任。
　　施必功　乾隆元年再任。
　　陈陆卿　同安人，三年任。
　　杨昊德　同安人，三年任。
　　陈　勋　同安人，十年任。
　　洪廷恩　晋江人，十一年任。
　　许元吉　同安人，十二年任。
　　魏文伟　同安人，十五年任。
　　蓝国机　漳浦人，十六年任。
　　张拱辰　东莞人，武举，十七年任。
　　林国彩　惠安人，十八年任。

张国瑞　闽县人，十九年任。

林　圣　晋江人，二十一年任。

林　平　同安人，二十二年任。

廖廷锵　诏安人，二十三年任。

林应捷　同安人，二十四年任。

陈盛贵　莆田人，二十五年任。

聂世义　二十九年任。

彭　锦　闽县人，三十年任。

李建勋　嘉应州人，三十二年任。

卓其祥　漳浦人，三十三年任。

## 右营游击

蓝　理　漳浦人，康熙二十二年署。

孙　清　休宁人。

傅春秀　济宁人。

张　彪　徐州人。

欧阳治　永新人。

冯邦彦　宣化人。

李梦桂　泉州人。

王良骏　庐州府人，雍正六年任。

苏　福　晋江人。

林荣茂　南靖人，世职，七年任。

林　元　同安人，十年任。

王　清　揭阳人，武进士，十一年任。

杨　瑞　海阳人，十三年任。

柳　圆　蓬莱人，乾隆四年任。

高　英　同安人，五年任。

姚　德　龙溪人，六年任。

郑　连　晋江人，九年任。

杨昊德　同安人，十年任。

陈洪建　同安人，十二年任。

郑李嘉　揭阳人，十四年任。

蓝国机　漳浦人，十八年任。

林　竿　同安人，二十年任。

许朝耀　同安人，二十四任。

罗廷柱　揭阳人，二十五年任。

戴　福　仁和人，二十七年任。

吴　勇　龙溪人，二十九年任。

许友胜　莆田人，三十一年任。

陈汝捷　归化人，三十二年任。

**右营守备**

方　却　康熙二十二年署。

吴必贵　晋江人，雍正六年任。

胡　贵　同安人，七年任。

郑李信　晋江人，九年任。

李名魁　唐县人，十三年任。

郑　连　晋江人，乾隆八年任。

许清鉴　晋江人，九年任。

李名魁　十一年任。

庄　俊　同安人，十四年任。

杨　秀　平和人，十七年任。

魏文伟　同安人，二十年任。

陈国泰　同安人，二十二年任。

林士雄　晋江人，二十三年任。

　　林梦龙　海澄人，武举，二十五年任。

　　林应捷　同安人，十七年任①。

　　林梦龙　十八年再任②。

## 前营游击

　　何应元　侯官人，康熙二十二年任。

　　罗成功　青州人。

　　施　玑　晋江人。

　　林显达　晋江人。

　　倪　兴　海澄人。

　　吴应鹏　莆田人。

　　林　秀　漳州人，五十年自澎湖右营游击调任。

　　杨　恩　同安人。

　　刘　使　同安人，雍正六年任。

　　蔡　功　海澄人，九年任。

　　柳　圆　蓬莱人，十年任。

　　杨　瑞　潮阳人，十三年任。

　　高　省　安溪人，乾隆元年任。

　　沈廷耀　诏安人，六年任。

　　林　竿　同安人，九年任。

　　林　洛　晋江人，十年任。

　　陈　埙　同安人，十二年任。

　　蔡　忠　海澄人，十三年任。

---

① "十七年任"应为二十七年任。
② "十八年再任"应为二十八年再任。

邝　纬　新会人，十五年任。
杨　天　同安人，十六年任。
施　恩　福清人，十九年任。
许朝耀　同安人，十九年任。
洪廷恩　晋江人，二十年任。
林　圣　晋江人，二十一年。
林吕韬　诏安人，二十三年。
赵一琴　二十六年任。
陶　恺　闽县人，二十七年。
林　福　闽县人，二十九年。
蓝元枚　漳浦人，三十年任。
黄　海　龙溪人，三十二年。

## 前营守备

林　荣　慈溪人，雍正六年任。
魏国璜　龙溪人，八年任。
杨　瑞　潮阳人，十年任。
王　养　海澄人，十三年任。
余文辉　龙溪人，乾隆三年任。
许　顺　台湾人，五年任。
曾志忠　海澄人，六年任。
张　勇　惠安人，十年任。
高　瑞　同安人，十二年任。
邝　纬　新会人，十三年任。
陈　荣　同安人，十四年任。
高　瑞　十六年再任。
刘　俊　同安人，十六年任。

洪廷恩　晋江人，十七年任。

林　平　同安人，二十年任。

洪廷恩　二十一年再署。

李文彬　惠安人，二十三年任。

李长明　浦城人，二十六年任。

吴　勇　龙溪人，二十七年任。

叶　凯　闽县人，二十九年任。

施国霖　福清人，三十年任。

蒲大经　侯官人，三十四年任。

林光玉　平和人，武举，三十四年署。

**后营游击**

吴孕骥　莆田人。

徐启瑞　永清卫人。

陈继祖　神武卫人。

侯庆凯　天津人。

林显达　晋江人。

戴宪宗　太平人。

许　华　同安人。

以上俱康熙年间。

高得志　崇明人，雍正六年任。

魏国璜　同安人，七年任。

胡　贵　同安人，十一年任。

伍　进　龙溪人，十二年任。

张　吉　同安人，十二年任。

邱有章　晋江人，乾隆二年任。

蓝国庭　福清人，九年署。

邱有章　十年任，再署。
欧阳捷　龙溪人，十一年任。
邝　纬　新会人，十四年任。
施　恩　福清人，十五年任。
谢王福　晋江人，十六年任。
施　恩　十八年再任。
吴志忠　同安人，十九年任。
陈应钟　长汀人，二十一年任。
谢王福　二十三年再任。
张　涛　鄞县人，二十四年任。
陶　凯　闽县人，二十六年任。
林　云　二十七年任。
陈盛贵　莆田人，二十八年任。
金蟾桂　华亭人，二十九年任。
吴　科　晋江人，三十一年任。
金蟾桂　三十二年再任。

### 后营守备

铜　启　龙溪人，雍正六年任。
邱有章　晋江人，七年任。
伍　进　龙溪人，十年任。
高　英　同安人，十一年任。
余星武　永定人，十三年任。
陈　坝　同安人，乾隆九年任。
蓝国庭　福清人，十年任。
蔡　文　连山人，十三年任。
魏国璜　同安人。

杨　天　同安人，十五年任。
童文华　同安人，十八年任。
邱懋功　晋江人，十九年任。
潘国器　惠安人，二十年任。
郭士进　同安人，二十三年任。
许　士　同安人，二十四年任。
林　云　侯官人，二十六年任。
蓝武升　漳浦人，二十七年任。
黄振玉　同安人，二十八年任。
陈朝龙　诏安人，二十九年任。
许友胜　莆田人，三十年任。
魏大斌　嘉应州人，武进士，三十一年任。
许友胜　三十二年再任。

(以上见《厦门志》卷十职官表)

# 防　围

## 城　寨

**厦门城**　（详见前）

**塔头寨**　在嘉禾里二十二都，明建，并设司，周一百三十丈，高一丈七尺，窝铺四，南北门二。

(见《同安县志》（乾隆版）卷二城池)

**高崎寨**　在厦门西北，临海，石炮台一座，乾隆二十二年设。

**东屿寨** 在厦门东。

**五通寨** 在厦门东北。

**浯屿寨** 在厦门南,周德兴设。与嘉禾里隔海七十里。

（以上见《厦门志》卷二《分域略·城寨》）

## 港　澳

**鼓浪屿** 在厦门岛前,而海澄、嵩屿等处包其外。

**曾厝安〔垵〕** 在厦门尽南,西扼海门,南对太武,东制二担、浯屿之冲,沙地宽平,湾澳稍稳,可驻大军。

**乌坑圆** 在厦门港南。

**东　澳** 在厦门东南,在牛头、黄厝二汛之中。

**黄厝社** 在厦门东南,与大、小担相表里。

（以上见《同安县志》（乾隆版）卷八海防）

## 汛　口

**文汛口** 在厦门城南玉沙坡,厦防同知司理。

**武汛口** 在玉沙坡,与文汛口近,水师提标中营参将军司理。

**大担汛口** 在厦门南海中。水师提标五营将备轮管。

**炮台汛口** 在玉沙坡,与文、武汛口毗连,提标五营弁轮守。

以上文、武汛口稽查舰只出入。

## 五营汛地

**高崎汛** 城西北三十里,通同安驿站大路之正渡,提标中营弁兵防守。

**五通汛** 城东北三十里，由厦抵刘五店要津，提标左营弁兵防守。

**蛟塘汛** 城东北二十五里，提标左营兵戍守。

**金鸡亭汛** 城东北十五里，提标后营兵戍守。

**东澳汛** 城东二十里许，提标右营兵防守。

**安海汛** 即湖里汛，城南八里，为厦要隘，提标前营弁兵汛守。

**白石头汛** 城南十五里，与担屿相表里，为海口要地。提标五营轮派弁兵防守。

**曾厝垵汛** 城南十里许，内固厦门，外控担屿、浯屿之冲。提标前营兵防守。

**乌坑圆汛** 城南八里，提标前营兵防守。

**鼓浪屿汛** 在厦城西南，隔水相对，提标前营弁兵防守。（岛外部分略）

（见《厦门志》卷四《防海略·厦门汛口》）

## 衙　署

**兴泉永道署** 在北门城外魁星石下，雍正五年建。总督刘世明奏准，以兴泉道改驻厦门，买贡生黄钟房屋基地于柳树河，价银一千二十七两，因原估工料银一千四百五十六两不敷建盖，添估银一千一百三十四两仍不敷，延至乾隆三年，厦门各铺户鸠银一千两助工。四年八月工竣。是时，巡道为朱叔权，自照墙、辕门、大门、二门、大堂、二堂规模初具，以署前后左右闲旷余地，许在辕各役盖房居住。

（见《厦门志》卷二《分域略·官署》）

**厦防同知署** 在厦门港，国朝康熙二十五年从府署左移建，乾隆十七年摄厅事白瀛重修，乾隆三十年防厅黄彬于署右大门内添造监狱一座，大小共十四间。

（见《同安县志》（乾隆版）卷十一《署廨》）

**石浔司巡检署** 在城外厦门港保，碧山岩前。康熙十九年，由石浔移驻建。

（见《厦门志》卷二《分域略·官署》）

**水师提督署** 在厦门城，国朝康熙二十四年，将军施琅建。中为正堂，东西廊为本稿诸房。前为露台、甬道、仪门。大门外为鼓吹亭。南为辕门，辕门外为将神官厅。正堂后为穿堂、为内署。又后为来同别墅，东为夹道，西为幕厅。内为司厅，外为射圃。署西为大道、为厅事。又有足观堂、澄心堂、八风亭、方池、怪石诸胜。最北有亭，跨北城，为城中最高处，可以远望。

**水师提标中营参将署** 在厦门城内。

**左营守备署** 在洪本部渡头。

**右营游击署** 在附寨社。

**右营守备署** 在附寨社。

**前营游击署** 在和凤社。

**前营守备署** 在厦门港。

**后营游击署** 在附寨社。

**后营守备署** 在厦门港。

**左营守备署** 在翔风里后浦。

（以上见《同安县志》（乾隆版）卷十一《署廨》）

## 仓 厫

**泉防厅仓** 在厦门港，去海防署数百武①。雍正年间，原贮额谷八万二千七十五石，至乾隆十三年存数十三万三百六十八石一斗四升。贮额过多，然厦以提镇标营驻扎之所，俱留备贮，永为定额。每年就此额谷内动支碾给兵米、眷米，约出谷二万四千余石，属照数运外。

**惠济仓** 在北门外第六宫边海岸上，贮五营兵谷。每年四月，每共〔月〕给谷一石五斗，每石估银一两；每月战饷扣银三钱，守饷扣银二钱，作五月扣抵，七月扣起，至十一月中止。中军参将掌其事。

**厦门社仓** 社仓原谷共三千九十一石八斗四升六合，于乾隆十九年奉文分贮二十一、二十二、二十三、二十四都保社及将军祠、鼓浪屿七处，令各社长副收管经理。春借冬还，每石加一还仓。内扣二升给社长副，以为折耗、纸笔之资，八升归仓。自乾隆十九年起至二十一年止，除耗费外，共生息谷七百九石三斗四升二合。以后约略如前。至每户借谷之数，多则一石，少则三斗。生监不得妄借。

(见《厦门志》卷二《分域略·仓厫》)

---

① 百武，百步之意。

## 科　甲

### 进　士

**宋**

| | | |
|---|---|---|
| 绍熙元年庚戌科 | 薛舜俞 | 金华知县，祀乡贤。有传。 |
| 　　四年癸丑科 | 薛舜庸 | 舜俞弟，古田知县，授通判兴化军，未任卒。有传。 |
| 绍定五年壬辰科 | 薛梦纯 | 舜庸子。 |

**明**

| | | |
|---|---|---|
| 正统十三年戊辰科 | 叶普亮 | 二十三都莲坂人，河南道监察御史。 |
| 嘉靖八年己丑科 | 杨逢春 | 二十三都西厝人，湖广参议，迁云南按察副使，未任卒，祀乡贤。有传。 |
| 　十一年壬辰科 | 傅　镇 | 中左所人，南京右副都御史，提督操江；万历中赐祭葬，祀乡贤。有传。 |
| 　四十四年乙丑科 | 池浴德 | 中左所人，太常寺少卿，祀乡贤。有传。 |
| 万历二十三年乙未科 | 林应翔 | 二十一都湖莲人，湖广副使，祀乡贤。有传。 |
| 　二十九年辛丑科 | 林士兰 | 店前人，刑部主事，差恤刑广东，未任，卒于家。 |

| 四十一年癸丑科 | 陈沃心 | 店前人，广西副使。 |
| 四十四年丙辰科 | 林宗载 | 塔头人，原名馥言，太常寺卿，祀乡贤。有传。 |
| 崇祯十三年庚辰科 | 叶翼云 | 莲坂人，吴江知县，迁刑部主事。有传。 |
| 十六年癸未科 | 林志远 | 塔头人，工部主事。 |

**国　朝**

| 乾隆十年乙丑科 | 林翼池 | 塔头人，湖北来凤知县，有传。 |
| 十三年戊辰科 | 刘承业 | 刘澳人，徙白石，后住厦门，任江西铅山知县。有传。 |
| 十六年辛未科 | 廖飞鹏 | 霞溪人，龙溪籍，河南汲县知县。 |
| 十九年甲戌科 | 郑蒲 | 西边人，龙溪籍。 |

## 举　人

**明**

| 永乐六年戊子科 | 张孝纲 | 二十四都湖莲人，余姚主簿。 |
| 十二年甲午科 | 张衡 | 湖莲人，知县。 |
| 正统六年辛酉科 | 叶普亮 | 戊辰进士。 |
| 宏〔弘〕治十一年戊午科 | 陈华玖 | 二十四都店前人，住东桥。 |
| 嘉靖四年乙丑科 | 杨逢春 | 己丑进士。 |
| 七年戊子科 | 傅镇 | 第十名，壬辰进士。 |
| 十六年丁酉科 | 林大梁 | 塔头人，浙江宁海知县、广东化州同知。 |

| | | |
|---|---|---|
| 四十年辛酉科 | 陈应鸾 | 中左所人，太仓州学正。 |
| 四十三年甲子科 | 池浴德 | 乙丑进士。 |
| 隆庆四年庚午科 | 林奇石 | 塔头人，第一名。 |
| 万历十年壬午科 | 杨乔椿 | 蚝头人，初令东流，擢守平度州，有传。 |
| | 陈一经 | 店前人，由长泰学中，任临清知县。 |
| 十九年辛卯科 | 陈士兰 | 第二名，辛丑进士。 |
| | 陈则采 | 官兜人，初令应城，迁揭阳。 |
| 二十二年甲午科 | 林应翔 | 以选贡中顺天试，乙未进士。 |
| 二十五年丁酉科 | 吕震夏 | 吕厝人。 |
| | 陈台衡 | 店前人。 |
| 二十八年庚子科 | 陈沃心 | 癸丑进士。 |
| 三十一年癸卯科 | 池显兖 | 中左所人，字鲁夫、号对奎，由府学中。 |
| 三十七年己酉科 | 林馥言 | 改名宗载，丙辰进士。 |
| | 池显京 | 中左所人，住府城。浴德子，中顺天试，怀庆同知，有传。 |
| 四十三年乙卯科 | 刘显阁 | 中左所人。 |
| 四十六年戊午科 | 林志远 | 塔头人，癸未进士。 |
| 天启元年辛酉科 | 林龙采 | 一作龙来，应翔子，湖广宝庆知府。 |
| 四年甲子科 | 池显方 | 浴德子，中应天试，有传。 |
| 崇祯三年庚午科 | 杨期演 | 金门人，移居中左所，由府学中。 |

|  |  |  |
|---|---|---|
|  | 叶翼云 | 庚辰进士。 |
| 十五年壬午科 | 林嘉采 | 应翔子,中顺天试。有传。 |

**国　朝**

|  |  |  |
|---|---|---|
| 康熙十九年庚午科 | 池继溥 | 浴德曾孙[①],显京子,由晋江学中,曲州[②]知县。 |
| 三十五年丙子科 | 陈国伦 | 榜姓庄,官兜人,由南靖学,河南灵宝知县。 |
| 三十八年己卯科 | 林鹏扬 | 东边社人,由南安学,历任京山、良乡知县。 |
| 四十四年乙酉科 | 陈霄九 | 榜姓林,店前人,由南靖学,任柏乡知县。 |
|  | 李云灿 | 港口人,迁宣化,以化籍中,授容县教谕。 |
| 四十七年戊子科 | 池继善 | 其绳孙,达州州同。 |
| 五十六年丁酉科 | 林云岚 | 塔头人,江西泸溪知县。有传。 |
| 雍正元年癸卯科 | 洪体元 | 厦城人,由龙溪学。 |
|  | 刘天泽 | 榜姓陈,北门人,由漳州府学,任武平教谕。有传。 |
| 二年甲辰科 | 黄　琛 | 薛厝社人,住桥亭。 |
|  | 赵　磐 | 靖山头人,永定教谕。 |
| 四年丙午科 | 叶　翯 | 榜姓沈,莲坂人,武平教谕。 |

---

① "曾孙"误,应为孙。
② 曲州,查清代无曲州,疑为曲周。

|  |  | 有传。 |
| --- | --- | --- |
| 十年壬子科 | 林翼池 | 乙丑进士。 |
| 乾隆三年戊午科 | 刘承业 | 第二名,住后崎尾,戊辰进士。 |
|  | 杨国文 | 竹坑人。 |
| 六年辛酉科 | 李曜庚 | 第二名,灿侄。 |
| 九年甲子科 | 杨之琳 | 蚝头人,以江西吉水籍中式。 |
| 十二年丁卯科 | 姚文山 | 南门人,由漳浦学。 |
| 十五年庚午科 | 廖飞鹏 | 辛未进士。 |
| 十七年壬申科 | 倪邦良 | 厦门人,由晋江学,定安知县。 |
| 二十一年丙子科 | 刘志贤 | 第二名,字虞修,承业兄,住后崎尾,由府学。 |
|  | 叶世俊 | 莲坂人,福清训导。 |
|  | 林发春 | 塔头人。 |
| 二十七年壬午科 | 钟 晋 | 钟宅人,迁中南中式。 |
| 三十年乙酉科 | 薛起凤 | 走马路人,由海澄学。 |

(见《厦门志》卷十一《选举表》)

## 明　经

## 贡　生

**明**

| 永乐二十年 | 王 让 | 仑后人。 |
| --- | --- | --- |
| 宣德五年 | 何秉昌 | 中左人。 |

| | | |
|---|---|---|
| 成化十二年 | 黄 荡 | 鼓浪屿人，浙江余姚训导。 |
| 宏〔弘〕治十一年 | 叶 复 | 莲坂人，山东滕县训导，升广西太平府教授，终通判。 |
| 十三年 | 陈 温 | 店前人，广东海丰训导。 |
| 十七年 | 林 瑶 | 店里人，广东英德教谕。 |
| 正德元年 | 张 俊 | 湖莲人，直隶南宫教谕。 |
| 十六年 | 叶 锐 | 莲坂人。 |
| 嘉靖元年 | 林 应 | 塔头人，江西九江训导。 |
| 七年 | 陈 祚 | 店前人，江西弋阳训导。 |
| 十九年 | 吴 森 | 吴仓人，训导。 |
| 二十一年 | 陈 策 | 店前人，应天溧水训导。 |
| 隆庆元年 | 杨万言 | 蚝头人，由南靖学，历国子监学正、金华府通判。子乔椿，举人。 |
| 万历十一年 | 樊学孔 | 厦城人，延平府学训导。 |
| 十五年 | 叶君实 | 莲坂人，广东定安知县。 |
| 十七年 | 林云映 | 塔头人，建宁府学训导。 |
| 二十三年 | 杨联清 | 厦城人。 |
| 四十一年[1] | 林应翔 | 拔贡。 |
| 崇祯十一年 | 池浴云 | 中左人，浴德弟。有传。 |
| 十四年 | 林嘉采 | 中式顺天试。有传。 |
| 十七年 | 叶后诏 | 小岭下人，住中左。有传。 |

---

[1] 《厦门志》卷十一《选举表》为明万历二十一年。

## 国　朝

| | | |
|---|---|---|
| 康熙十一年[①] | 黄震开 | 麻灶人，由广东惠州府兴宁学。 |
| 三十九年 | 薛维英 | 古楼人，由诸罗学。 |
| 四十年 | 池其绳 | 厦镇人[②]。 |
| 四十二年 | 王家奖 | 外清人，由宁洋学。 |
| 四十四年 | 叶 昕 | 莲坂人，由台湾府学。任武平训导。 |
| 四十五年 | 郑诚中 | 溪边人，由漳州府学。 |
| 五十年 | 林焕文 | 副榜。 |
| 六十年 | 李继科 | 榜姓刘，霞溪人。 |
| | 曾源昌 | 曾厝垵人，官训导，工诗，有《逢斋集》行世。 |
| 年份无考 | 谢正华 | 大嶝人，住厦门，由南安学。 |
| | 陈启甲 | 拔贡，东门外人，由海澄学。 |
| 雍正五年 | 叶其苍 | 仙乐人，由台湾学，连江训导，有传。 |
| 十二年 | 林丰玉 | 关仔内人，恩贡[③]，瓯宁训导。有传。 |
| 乾隆六年 | 赵秉衡 | 拔贡，本姓陈，厦港人。 |
| 八年 | 李应隆 | 港口人。 |
| 十五年 | 林秀琦 | 恩贡，厦门人。 |

---

[①] 《厦门志》卷十一《选举表》为康熙四十一年。
[②] "厦镇人"，即厦门人。
[③] 《厦门志·选举表》作优贡。

| 十八年 | 王国选 | 拔贡，由龙溪学。 |
|---|---|---|
|  | 叶　龙 | 莲坂人，举人，世俊兄。有传。 |
|  | 蔡作元 | 新街仔人，由海澄学。 |
| 三十二年 | 蔡士捷 | 厦港人。 |

**附例仕**

|  | 王凤来 | 石埕人，龙溪籍，由凤山附贡，累官怀庆知府，内调兵部武选司员。有传。 |
|---|---|---|

（见《厦门志》卷十一《选举表》）

## 武　隽

科举中，选拔忠义武官，名目分童生、生员、举人、进士、状元。为有别文科，加武字为目，如武进士、武举人。

## 武进士

**明**

| 崇祯元年戊辰科 | 陈弼心 | 店前人，大同参将。 |
|---|---|---|

**国朝**

| 康熙四十五年丙戌科 | 叶宏正 | 莲坂人，住冲龙。 |
|---|---|---|
| 乾隆二十五年庚辰科 | 王　鲤 | 浦口人。 |

## 武举人

**明**

崇祯十五年壬午科　　叶　爵　莲坂人，官参将。

**国　朝**

康熙四十一年壬午科　　叶宏正　店前人。

　　四十七年戊子科　　陈保琳　西门外人，由兵生[①]中式，任江南江北扬州营邵伯坝汛，功加都司，授明威将军。

　　五十九年庚子科　　杨　雄

雍正十年壬子科　　董廷相　厦港人。

乾隆十八年癸酉科　　王　鲤

　　二十四年己卯科　　杨起麟　住厦城，闽县籍，由兵生[②]中式，累官安平游击，迁参将。

　　　　　　　　　　林光玉　黄厝河人，平和籍，水师提标后营游击。

　　三十三年戊子科　　叶国材　莲坂人。

（见《厦门志》卷十一《选举表》）

## 戎　功

**都　统**　　陈　昂　高浦人，住厦门桥仔头，康熙间碣石总兵、广东副都统。

**提　督**　　胡　贵　怀德宫人，乾隆间历任广东、浙江、福

---

① "兵生"疑为武生。
② "兵生"疑为武生。

建提督。有传。

| 总兵 | 陈阵 | 官兜人，康熙初四川成都总兵。 |
| --- | --- | --- |
| | 欧阳凯 | 外清人，漳浦籍，康熙间台湾镇。 |
| | 林贵 | 南门内人，晋江籍，黄岩镇。 |
| | 林洛 | 外清人，晋江籍，黄岩镇。 |
| | 王陈荣 | 外清人，碣石镇。 |
| | 林中岳 | 厦门人，漳浦籍，海坛镇。 |
| | 林国彩 | 外清人，乾隆中黄岩镇。 |
| 副将 | 叶震 | 莲坂人，康熙间援剿，副总兵。 |
| | 何肇彩 | 东澳人，康熙间以平岳功左都督，历浙江嘉兴协。 |
| | 黄成章 | 仓里人，雍正间，陕西永固副将。 |
| | 黄钦 | 厦门人，龙溪籍，广东肇庆协。 |
| | 高得志 | 厦门人，历任安平、澎湖、闽安协。 |
| | 黄隆 | 靖山头人，漳州籍，安平协。 |
| | 邱有章 | 外清人，晋江籍，乾隆十三年闽安副将。 |
| 参将 | 叶瑾 | 莲坂人，副将震子，康熙间广东崖州参将。 |
| | 黄天球 | 菜妈街人，浙江乍浦参将。 |
| | 高地 | 厦门人，乾隆三年福建水提标参将。 |
| | 林时叶 | 厦门人，乾隆间广东平海参将。 |
| | 林圣 | 浴弟。 |
| | 谢王福 | 尾头人，乾隆间福建水提标参将。 |
| | 陈士恩 | 桥亭人，乾隆间广东大鹏参将。 |
| 游击 | 何林茂 | 东澳人，康熙间以平岳功加左都督，广东崖州营游击。 |
| | 何誉 | 东澳人，康熙间以平岳功加左都督，任 |

长福营游击。

洪　秦　洪山柄人，康熙间广西提标右营游击。

陈　芳　都统昂次子，康熙间历任碣石、吴川游击。

张　吉　厦门人，雍正十三年任福建水提标后营游击。

林　竿　虞朝巷人，乾隆九年任福建水提标前营游击。

陈洪建　外清人，乾隆十二年任福建水提标右营游击。

许廷佐　金门人，住厦门，乾隆间澎湖右营游击。

林金勇　厦门人，任海坛营游击。

傅天祐　靖山头人，乾隆间安平右营游击。

马国栋　厦城人，乾隆间金门游击。

蔡　忠　琼林人，乾隆间水提标前营游击。

吴志忠　吴村人，乾隆十九年厦门后营游击。

林守忠　东边人。

胡　德　蛟塘人。

李　正　安溪人，住厦门。

林士雄　洛任。

郑　连　厦门人，晋江籍，福建水提标右营游击。

黄　海　副将隆子，乾隆中，水提标前营游击。

洪廷恩　厦城人，晋江籍，乾隆间，水提标前营游击。

**都　司**　陈　琪　坂上人。

杨　带

林国宝　洛子。

曾国栋　厦城人，闽安都司。

宋世爵　北门外人，福协左军都司。

高炳章　海澄人，住厦门。

杨清芳　总兵继勋弟，闽安都司。

**守　备**　　曾　其　　曾厝垵人。
　　　　　　刘　聪
　　　　　　高　瑞　　副将得志子。
　　　　　　戴正春
　　　　　　陈　达　　三峰人。
　　　　　　李文斌
　　　　　　陈士辉　　厦城人，南澳左营守备。
　　　　　　叶　报　　厦门人，安平中营守备。
　　　　　　曾志忠　　厦门人，海澄籍，厦门前营守备，调澎湖。
　　　　　　王福生　　西门外人，台湾右营守备。
　　　　　　林六韬　　厦港人，澎湖守备。
　　　　　　李文彩　　厦城人，安平左营守备。

**附　荫袭**
　　　　　　陈伦炯　　高浦人，住厦桥仔头，康熙间以父昂荫，由诸生召充侍卫，乾隆七年任浙江提督。有传。
　　　　　　陈　埙　　以伯伦炯移荫，任广东香山协副将。
　　　　　　魏文伟　　炉前人，移住厦门，以父国泰荫，累任碣石总兵。
　　　　　　欧阳敏　　外清人，漳浦籍，以父凯难荫守备，累官碣石总兵。
　　　　　　欧阳康　　以祖凯难荫恩骑尉，署金门千总。
　　　　　　张耀武　　连西保人，以父养难荫千总。
　　　　　　黄　乔　　靖山头人，以父海难荫守备。

　　　　　　　　（见《厦门志》卷十一《选举表》）

# 书　院

**玉屏书院**　在城内东北偶。有石屹立如削,晶莹可爱。前设有义学,海氛时鞠为茂草,底定后将军吴英建文昌殿、萃文亭。又建小堂一间,祀柳仙,时降乩作诗,名曰"卖诗店"。后户部郎中雅奇构"集德堂",增置学舍,为士子课文所。买漳之垣泥乡水田若干亩,岁收谷若干石,为士子会文之需(有碑记)。未几而生徒寥落,僧占之,租入作香灯之资,假人作寓。乾隆十六年,倪鸿范以南澳总兵署水师提督,与兴泉永道白瀛、同知许逢元、绅士黄日纪、林翼池、刘承业、廖飞鹏及生监共谋设学。乃逐僧徒,迁佛像,劝绅士捐金二千有奇。于文昌殿右辟地,拆旧屋,盖讲堂一所。其旁为斋庑八间,以其二与馆役宿处,余为学舍。又其高者为"必自轩",为"三台阁",与旧祀朱子萃文亭相连。今奉朱子于集德堂,立石碑镌"魁"字祀之。规模焕然一新。以是年十月兴工,次年十一月工竣,靡白金千八百余两。合各属输捐共存银三百余两,寄典生息,为每岁掌教修金,而膏火之费缺如。侍御谭尚忠任兴泉永道,劝绅士黄日纪等捐白金三千余两,交厦防厅生息,每年计得息六七百两,备膏火。传檄各属,于道署先行考试,优取生员二十名、童生二十名。送生、童各十名入院肄业,十名在外与课,不给膏火。每月三期课文,每名给膏火一两。每岁佥董事生员二人以辅掌教。行之数年,士皆德之。接谭任者为蔡琛,增取新旧生十七名在内肄业,每月每名给膏火银一两六钱;外肄业新旧生童十二名,每月每名给膏火银五钱。董事生员二名亦给膏火银一两，以资笔墨，比前较详。凡在内肄业者，不许擅自出入。人多而地不足，绅士黄日纪复买文昌殿左侧瓦屋二十余间，建崇德堂、芝兰室、漱芳斋以充学舍。又买集德堂后瓦屋数间，赁人居住，岁得金若干两以贴祭祀。其朱子春、秋二祭，费出垣泥田租及厝租，与捐助项内无干。每祭用猪羊各一，祭席四筵。凡与祭者，本籍皆分胙。

**紫阳书院** 前在西门外朝天宫，康熙年间移厦门港，同知范廷谟所创也。前大门，中祠宇，后讲堂。雍正二年，同知冯鉴拓之。又于大门两房〔旁〕厢房改作二小店，年收税银，备灯火之用。日久弊生，生徒寥落，遂为外人所潜踪，甚至豢马其中，棂槛摧折，瓦砖毁断，破坏几四十年。迨李暲、胡宗文前后莅厦，乃复设学延师，每月课艺。胡宗文时，文风大振，刻《鹭江课士录》，以示奖劝。自是相沿不改，延师讲学，遂无虚岁。但费无所出，系同知捐俸。每岁修金二十四圆，作四季发送。生徒原定二十名，与课者不计，每月新旧生童或至百人。地甚窄狭，至同知杨愚始行开拓，将院旁注生祠并小屋数间俱归学舍。掌教廪生蔡士捷募绅士捐金修理讲堂。因水沟不通，注坏墙壁，改退数尺。中间祠宇瓦木朽坏，重新建盖，改入数尺。捐金不敷，未得完工。

**衡文书院** 去紫阳祠二百余步，祀梓潼神像。原为义学，同知李暲曾延师设教。今归紫阳书院，此旷。

**鹭津书院** 在施将军祠侧。书院乃施氏家塾，额曰"鹭津书院"。今为果勇将军世骠祠，施氏掌管。

**厦门所社学** 雍正二年设。

（见《厦门志》卷二《分域略·书院》）

## 坊　表

**进士坊**　在厦门城南门内，为明嘉靖己丑进士杨逢春立。今圮。

**代巡三省侍御两京坊**　在吴仓社街，为明操江军门傅镇立。

**大中丞坊**　在厦门城，为明傅镇立。今圮。

**天官名卿坊**　在厦门城，为明嘉靖乙丑进士池浴德立。今圮。

**功敷海表泽普天南坊**　在镇南关，为靖海将军施琅立。

**功高大树爱永甘棠坊**　在崎岭，为靖海侯施琅、水师提督施世骠父子立。

**勋崇山海泽沛军民坊**　在崎岭，为威略将军吴英立。

**节孝坊**　在道署之左，为明池宗宝妻郑氏立。今圮。坊碑犹存。

**节孝坊**　在西边社，为池源珍妻杨氏立。

（见《厦门志》卷二《分域略·坊表》）

## 坟　墓

### 唐

**处士陈黯墓**　在东山社前，山顶镌"场老山"三字，下镌"白云岩"三字。

**侍御薛令之墓**　在下张社，前有神道碑，书有"唐侍御薛公之墓"。

## 宋

**知县薛舜俞墓** 在庵兜社内。

**叶元邻墓** 在古楼径旁，石勒"官荣"二字。相传宋丞相陆秀夫所赠。元邻为宋丞相叶禺之侄，才能科，又诗"百年骸骨表荣名"之句。

## 明

**封太常卿池宗宝墓** 在北门外魁星石下。左三百步，即孙举人显兖墓。

**封太常卿池杨墓** 在阳台山。

## 国　朝

**封御史郭维丰墓** 在虎仔山后施厝前。

**提督胡贵墓** 在洪山柄。

**封资政大夫黄陈韬墓** 在塘边后埔山。

**兵部武选司员外郎河南怀庆府知府王凤来墓** 在东坪山象鼻仑。

（见《厦门志》卷二《分域略·坟墓》

## 附　育婴堂

育婴堂，原在紫阳祠侧，厦防同知李暲以学舍数间改造，名"注生祠"，为育婴之所。雇乳妇数人，月给衣食，岁久而废。后厦防同知杨愚扩清学舍，仍归义学。署巡道宫兆麟买镇南关下旧军装废局，建为注生祠。旁为乳妇住宅。经理初定，即升任去。巡道蔡琛复集捐公费，多雇乳妇，每月给银一两，收养贫民幼孩。遣人挑箱巡视，遇有弃孩，辄收养之。内外之禁，立法甚严。又兼行善举，改名"普济堂"，以监生林椿董其事。

（见《厦门志》卷二《分域略·育婴堂》）

## 释 衲

**明**

**明光** 姓王，号上中。少业儒。善事母。后为僧开元寺涌幢庵。勤于参究，为诗清灵幽静，尤工草书，时有同寺僧如寿精于楷书，与光齐名，人称"明光草，如寿真"。明光晚年与阮旻锡唱和。旻锡选其诗三百余篇，名为《偶然草》，缙绅苏垾、陈镇峰序而刊之。如寿姓傅，字济翁，亦能诗。俱尝居厦门。

**雪芝** 工草书，善画兰。后入武彝〔夷〕山。

**明任** 姓杨，字愧斯。善行、草大字，工诗。初住安溪，后居厦门半山堂。

**国 朝**

**胡文远** 潮州人。住南门桥亭，不度弟子。预知殁期，与相识者别。至期，正披袈裟坐化，远近咸观之。

（见《厦门志》卷十三《列传下·方外》）

# 古　迹

**金交椅**　在溪边社山顶，宋幼主常登山坐此。下有穴甚深黑。相传有刀剑之类，里人入穴取归，夜辄现怪，投还始息。

**官　荣**　距塔头社里许，有大石壁立勒"官荣"二字，笔势苍老，可二尺余，相传为宋陆秀夫书。

**玉狮斋**　在厦门城内，明里人池直夫读书处，有记仰园在厦门，明季黄都事建。有亭，八面可望山海。国朝靖海侯施琅改为沧墅，今为隆恩铺。

**金鸡亭**　在筼筜港口，相传昔里人掘地得金鸡，因筑亭其上，故名。

**观日台**　在洪济山，凭高东望，鸡鸣时，日如金轮，从海底跃出，殊为奇观。

**薛　岭**　唐薛沙所居，一作薛令之，其北陈黯居之豪灶，金榜山皆黯读书处。

**观海堂**　在塔头，明太常卿林宗载读书处，内有振衣冈、濯足池。一时士大夫宴游题咏其间，蔡复一为撰《观海堂平平编序》。

（见《同安县志》（乾隆版）卷十二《古迹》）

# 卷之三

## 品行　文学

**曾源昌**①　曾厝安〔垵〕人，康熙六十年贡生，官训导。少年作《百花诗》，释超全、林鹿原佫为之序。后游台、澎，有《澎游草》一卷、《台湾杂咏》三十首。提督施世骠延主鹭津书院，课其子弟。有《逢斋诗集》八卷。

**林丰玉**②　字伯年，号璞园，关仔内人。祖熙卿，明季诸生，隐居教读。丰玉作文刿心怵目。补邑弟子员。雍正十二年甲寅优贡士。任瓯宁训导，日与诸生讲学，寻考亭之遗。丁母忧归，杜门不出，日评经传。著有《后学程式》。卒年六十。

---

①　曾源昌，《厦门志》卷十三《列传下》。
②　林丰玉，《厦门志》卷十三《列传下》。

# 方 技[1]

## 国 朝

**林 仁** 嘉禾里湖边人，徙居城北之冈头乡。素好琴，得庄蝶庵指法，节奏古雅。为人清介，虽贫不干于世。圣督施世骠建节厦门，延教其子。

**庄 渔** 字友樵。寓居厦门。初习医，后学山水、翎毛，画俱入妙。人以沈石田目之。性傲兀，曾有持三百余金求画者，渔勿受，亦勿画。邑宰周世培代为丐之，其人始得十二幅而去。晚年寓万石岩，与山僧啸咏，有隐士风。

**吴 福** 荞〔轿〕巷人。善奕，与泉之蔡联卿并称国手。

**杨金鳞** 字子石。长泰诸生。住厦局内。善作文，与蔡葛山印湖为同社友。兼通书画，尤精于奕〔弈〕。

**林 贤** 烈屿人，住厦门。幼颖异，十余岁精于奕〔弈〕，与杨金麟称敌手。

**陈基贤** 字竹友。善大小书，笔法坚凝，一时独擅。亦厦门人。

**黄日辉** 邑诸生，作文奇奥，善小楷。

**陈昂泰** 字青夫，坂上人。邑诸生。书法苍劲类颜、柳，玉屏石碑是其遗迹。

**罗 经** 字尔宜，西门外人。邑诸生。善作文，兼工书画，酷肖赵松雪。

**康凤声** 漳浦人，移住厦门。善草书，笔势飞舞，颇涉

---

[1] 方技人物均引自《厦门志》卷十三《列传下》。

妩媚。

**黄国楷** 陈韬子。候选詹事府主簿。龙溪籍，住厦门张厝保。幼颖异，能文善画，书学米南宫。

**施　清** 字宜从。能诗，善画山水。王文明，笔甚苍老，画海族酷肖。俱厦门人。

**黄树德** 字小修。工草书，尤精水墨，涉笔有致。

**曾　坦** 字恢伯。守备志忠胞兄也。善画山水。

**蒋国梁** 字祯士。溪仔墘人。性耿介，胸怀洒落。事母得其欢心。能诗善画，笔意仿文衡山、倪云林诸家。年九十余。

**蔡催庆** 号壶兰道人。性豪放，工于画，好作泼墨，兴之所到自然入妙。

**王继宇** 外清人。幼颖异，读书过目成诵。书画不论古今墨迹，一见便能模仿。

# 卷之四

## 艺 文

### 书 目

**唐**

薛令之　　《明月先生集》。

陈　黯　　《裨正书》三卷、《颍川先生集》五卷。

**宋**

薛舜俞　　《易抄诗书指》《文集》。

**明**

林　应　　《四书解便览》。

王高立　　《毛诗小传》十六卷。

傅　钥　　《鹭门山人诗集》。

池浴德　　《居室篇》《诗集》《空臆录》。

池显方　　《晃岩集》二十二卷、《玉屏集》《南参集》《沧远诗集》《李杜诗选》《说诗》《直夫偶钞》《金刚演说》《东山瀼语》。

林应翔　　《止岩存稿》《衢州志》。

**杨期演**　《易经管见》《岛上纪事》八卷。

**杨秉机**　《浩然小草》二卷。

**叶后诏**　《五经讲义》《鹣笔》。

**阮旻锡**　《闻见录》《谈道录》《唐人雅音集》《唐七言律式》《梦庵长短句》《清源会诗篇》《同和东坡韵诗》《燕山纪游》《夕阳寮诗稿》《夕阳寮词》《慧庵倡和韵选》《轮山诗稿》《幔亭游稿》《诗论》《诗韵》《啸草》《夕阳寮文稿》《击筑集》《涉江诗钞》《奕鉴》。

**国　朝**

**陈伦炯**　《海国见闻录》二卷。

**郑得潇**　《人字图说》《蓬稣近吟选》。

**曾源昌**　《百花诗》、《澎游草》一卷、《逢斋诗集》八卷。

**池其绳**　《史眼》《诗纬》《四书讲录》《三极藏书》。

**刘天泽**　《四书述酌》。

**叶　龙**　《南华经注》。

**黄成振**　《四书存要》五卷、《学庸存要补篇》二卷、《日光岩诗》一卷、《九闽赋》一卷。

**林翼池**　《来凤县志》《鹭洲拾草》《远游闲居草》《读史》《约篇》《尚书捷解》《知以集》。

**蔡德辉**　《鸣秋草》五卷、《蠡测文集》十卷。

**李正捷**　《月山诗文集》。

# 疏

## 讨平逆巢疏

国朝　万正色①

题为讨平逆巢，廓清海宇事：臣于本年二月初六日攻克海坛，又于本月二十日两日夜攻克崇武，追至泉港臭涂，业经题报外，随即咨会督、抚、将军、提督诸臣陆路夹攻。贼惊惶莫措，遂将海澄、金门、厦门节次抽泊金门港口，据扼料罗，豫为拒战退归之计。臣审候风利，于二月二十七日自泉港分遣舟师，以援剿左镇总兵官林贤定为左路先锋，以援剿右镇总兵官陈龙定为右路先锋，以臣标及闽安协副将田万侯、援剿前镇总兵官黄镐、后镇总兵官杨嘉瑞定为中路正艍，三路并发。因风信顿息，暂泊永宁。二十八日至围头，乘夜直捣料罗。贼拼命夺取生路。时值昏黑，汪洋巨浪，难以攻击。即于二十九早尾随，贼遂漂洋远遁。臣沿海长驱两日夜，搜逐无踪。而外洋绝域，未便穷追。遂于三月初二日至金门，出示安民。初三日进泊厦门，与各陆臣会师，而闽海逆贼巢一概廓清矣。所有进取海澄、厦门，听各路陆臣具疏题报外，臣以菲材，谬当重任，前疏密陈战略，汲汲以速征为任者，盖实知民困已极，天心厌乱，若不乘时剪殄，为患滋深。且料逆贼虽结艍海坛，恃为外固，臣以顺天救民之师，气锐心一

---

① 万正色，清朝晋江人，号中庵。康熙十八年至二十年（1679—1681）任福建水师提督，二十年至二十五年（1681—1686）任福建陆路提督，有《平海疏议》等。

之众,加以上风临之,海坛必破。既破海坛,先声已夺,则海澄自溃,金门、厦门自危。次第长驱,便可席卷。臣报国心切,安忍烛见既真而迟留观望,故遂与抚臣吴决策前征。今幸仰赖皇上威灵,获念前言,此诚臣之分也,国家之福也。然而战胜易,守胜难。则安边善后之策,水陆分防之要,此又臣所鳃鳃廑虑。容确商议定,另疏题请,庶可奠闽方于永固矣。至于在事水师镇将及随征外委人员节次战功,容臣查确汇报。伏乞皇上睿鉴施行。

## 飞报克复等事疏

### 国朝　杨捷(元凯)[1]

题为飞报克复厦门逆岛事:窃照海澄既复,贼众奔窜。臣抚安残黎,即一面多张示谕,并差能员于各处宣布皇仁,晓谕各伪官兵,许以就抚自新,随材录用。当有伪总兵吴桂、罗士锈、伪副将吴天禄等各率领伪官兵、船只、眷口前来投诚,臣厚加赏赉抚慰,将伊等家眷安插县城之内。因厦门情形,各据称,逆贼因在乌屿桥、海沧等处被我官兵剿杀,又见我兵安营高浦所,绝其归路,贼已丧胆。今海澄克复,势益摇动。桂等愿效力前驱,协同官兵乘时进取等情。臣随飞咨督抚诸臣,调拨官兵分路进攻。督臣姚、平南将军臣赖、漳浦总兵臣赵得胜,率领满、汉大小各将弁配坐船只,从嵩屿进发;抚臣吴与宁海将军臣喇、副都统臣吴、同安总兵王英等率领满、汉大小各将弁配坐船只,从浔尾进兵;臣同福

---

[1]　杨捷,清朝义州人,字月三,一字元凯。康熙十七年至十九年(1678—1680)任福建陆路提督,卒谥敏仕,有《平闽记》。

宁总兵黄大来、漳州总兵臣吴三畏率领镇标各营参、游马胜等并守备、千总以及外委随征大小各员弁，配坐分拨督臣捐造八桨船三十只及投诚总兵吴桂等带来船只，仍挑选新附熟练精兵，即令伪镇将吴桂、罗士鉁、吴天禄带领，协同官兵从海澄一路而进。三路订期二月二十六日一齐追击。逆贼聚艅迎敌，我兵大炮击破贼船甚多，斩杀、淹死逆贼在海洋之中，难以千百计数。贼众大败远遁。当有防守厦门伪总兵黄瑞、张雄、吴国俊等率领伪兵投诚。随于二月二十七日亥时克取厦门。岛中人民数万口，臣等仰体皇仁，禁戮官兵，不许伤害百姓，出示安抚讫。查探贼船尚有二百余只，现泊料罗等处，尚思狂逞。应俟水师提臣兵船到日，会商夹剿，以绝根株。但臣自提师凤山，与督抚诸臣罄竭心力，经策灭贼之策，时因省会无水师南下，未能飞渡。且臣系统辖陆路，原无船只、水兵。近因分拨督臣捐造八桨及招谕伪总兵吴桂、罗士鉁等各带船只来归，臣多方鼓励，各愿领众杀贼自效。臣不敢以水陆歧视，致失事机，随飞咨督抚诸臣，调发官兵分路夹击。今积年盘踞逆穴，一旦荡平，海宇廓清，边陲安靖，此皆仰借朝廷威德，下赖各将士协和用命。而水师提臣之功，尤不可泯。除在事有功大小将弁及伤亡官兵，并得获船只、器械等项数目，容臣查明，另造清册送部察核外，理合先具飞报，上慰睿怀。臣谨具疏密题，伏乞皇上睿鉴施行。奉旨："鉴卿奏，会同满、汉官兵进剿海逆，击败贼众，恢复厦门，俱见调度有方，将士奋勇可嘉。在事有功人员，著议叙具奏。兵部知道。本内副都统讹写都统，着饬行。"

## 水师请设等事疏

国朝　杨捷

奏为水师请设专员，微臣揣分难兼，谨密疏控辞，计图万全事：窃照闽地寇虐方张，山海交讧，是今日水陆俱在用兵，有万难兼顾之势。臣自幼从戎，身经战阵，俱驰驱于车马之间，从未乘风破浪以角胜于水师。今一但俾臣以兼管水陆之任，惴惴不克自安。闻命之日，即欲具辞水师，因未开印，不敢上疏。及入境受事，又以途次匆遽，不遑控辞。今甫抵省，不敢再延，恐误国事，是以吁闻。臣更考福建旧制，原有专设水师提督，后因海面无警，郑逆窜伏台湾，故尔奉文裁去。今则海寇见驻厦门，于漳、泉等处水陆交犯，狂逞之势，什倍于昔。自应循照旧制，特设专员，令其统辖沿海兵将，调度水战，俾臣得以尽力陆路，一心剿御，剪其攻城掠野之狡谋。则从此陆兵、水师，各有职掌，彼此呼应，互相声援，将见数十年之逋寇，可立歼于兹矣。今臣正在料理陆地攻守之事，弗暇兼顾水师。若不早为奏明，倘海上贼艘一时并集，虽有沿边将士，无专师以统之，其志不一，难以建功。是水师分设之议，在今日有断不容稍缓者。伏祈皇上洞鉴边海情形，俯察愚臣诚悃，敕部速议；特简熟悉水道，才能夙著之员，另设提督，使水师早成劲旅，其于式遏寇虐，有裨军机非浅鲜也。臣不胜惶悚待命之。密奏请旨。

## 疏辞金厦战功

### 国朝　万正色

题为讨平逆巢、廓请海宇事：康熙十九年五月二十七日，承准兵部札付，内开："职方清吏司案呈，奉本部送兵科抄出：据福建水师提督万题为讨平逆巢，廓请海宇事一疏，奉旨：'览卿奏，率领舟师进剿海逆，直抵金门、厦门，卿倡先平海，攻克海坛、崇武、臭涂等处，贼势窘迫，克奏捷功。具见筹画周祥，调度有方，深为可嘉。着从优议具奏。兵部知道。钦此。'查该提督未经造册送部，此抄无容议覆。应行该提督将杀贼数目并在事各官，有无事故、职名、履历，详造清册。送部之日，再议可也等因呈堂。奉批：照札送司，案呈到部备札"到臣，承准此。窃惟勠力疆场，固臣职所当尽，据实披陈，尤臣心所难昧。臣自上岁受命讨逆，晨夕综理，备悉贼形，故不揣愚昧，决策前征。仰借皇上威灵，自海坛以抵崇武、臭涂，三次鏖战，克奏微勋。所有杀贼全胜情形，具已恭报在案。自臭涂以抵金门、厦门，连日追击，寇贼披遁。臣前疏据实题报，钦承皇上纶音褒奖，谓臣倡先平海，功有可嘉，并着兵部从优议叙，臣跪读之际，不胜感激而益切悚惧也。兹部札行臣，将杀贼数目并在事各官履历造册，送部再议。臣思臭涂以前，杀贼颇多，承准部札，见在确查攒造，以俟汇报。臭涂以后，乘胜追迫，逆贼奔溃，实无杀贼数目可以造报。至于倡先平海，克奏捷功，则又臣之颇悉贼形，思尽愚忠，力图殄殪，以仰报圣明于万一者，安敢分内之微绩，妄邀格外之殊恩。敬抒愚诚，据实题明，伏乞皇上睿览施行。

# 咨

## 覆喇将军咨①

国朝　万正色

为照：豫备不虞，兵法要机。况逆孽犹在澎湖，则厦、金两岛尤宜保固。派拨防御，诚有如大咨所嘱者。但本提督现在整搠舟师，刻期前征，以扫根株。仍与各镇会商机宜，拟以援剿前、后二镇及同安、兴化诸兵分防厦门等处，以杜寇萌，而亲统全师，审候风利，直捣铜山。想远窜余氛立可净尽，而内地坚防，亦可仰纾贵将军之悬切也。为此合就咨覆。

## 又

为照：去疾务尽，古人明训，思患豫防，兵家要旨。贵将军款列指教，具见周祥，捧读之下，不胜景慕。但本提督自陈师以来，夙夜严翼，惟期扫净根株，以奠哀鸿。所暂驻厦门未即直捣者，以一二战伤船只，现在修整，所有远窜残黎，尚未安集；且料逆氛虽未殄灭，逋伙实多危惧，驰檄抚谕，必自瓦解。乘势穷追，或成兽斗。故日遣间谍，以携其心；而徐整全军，以制其后。进退维谷，能不归命乎？李左车所谓"镇赵抚其孤，驰檄告燕，燕必望风而靡"者是也。至澎湖逆孽，正在鼠窜之时，计无豕突之患，但防备不虞，势所必周。故拟以援剿前、后二镇及同安、兴化诸兵，共八千有余，留守厦门、料罗等处，而亲统舟师，廓清余逆。俟

---

① 喇将军，即杭州将军喇哈达，康熙十五年至二十一年（1676—1682），任杭州将军，十九年（1680）驻守福州。

奏荡平，然后分防各港，以图善后。此又本提督所日夜鳃鳃、不遑刻懈者也。若沿边遗子，现在颠连沟壑，民命实可悯伤。本提督于视事之日，即具疏题请，内开"两岛残黎皆系被胁赤子，恳乞皇上敕行，克复之后，严禁掳掠"。奉旨"依议"在案。故自攻取海坛以来，一路安堵，有都司掠取一羊，斩首以徇，此固遐迩所共知者。兹以崇武一捷，海逆宵遁；厦门空虚，陆兵进取民间家赀，荡焉一空。逮本提督沿海扑剿之后，师次其地，遍行招徕，而两岛遗子，始知有生全之乐矣。但米珠薪桂，赋役繁兴，阖有遗黎，皆在水火。语云："足寒伤心，民病伤国"，则当事之抚绥，尤祈贵将军之设处耳！投诚诸众，实宜安插给粮，以鼓将来。本提督粮饷无关，职有所分，不能越俎。则垂慈悯念，俾顺者有安全之庆，逆者怀归附之思，尤在贵将军咨移督抚，力行靡懈，以固疆圉也。今准前因，合就咨覆。

## 论

### 同邑海防论

国朝　庄光前

同为海滨之区，其形势居要冲者有三：由内港石浔而南为嘉禾屿，今所谓厦门是也；稍东为浯洲屿，今所谓金门是也。其间列屿棋布星罗。在厦属者，则有宝珠屿、鼓浪屿、离浦屿、薛浦屿。在金属者，则有大嶝屿与小嶝屿、夹屿、白屿，皆前后倚伏，左右犄角，易为藏匿藏奸之所，俱宜设备。他若高浦、马銮、高崎、浔尾、五通、澳头、刘五店等处，亦渡口讥察之要道也；沿流而东则大、小担二屿，大担而外则为浯屿，据海疆扼要，北连二浙，南按百粤，东望澎湖、台湾，外通九夷八蛮。风潮之所出入，商舶之所往来，非重兵以镇之不可。大抵金、厦两岛为同邑之襟喉，而大小担、浯屿又两岛之襟喉也。自国初海氛以后，渐次除治，烽烟永靖，升乎迄今，几于百年。又蒙国家保护之恩，固已人服其德而畏其威，永无萑苻窃发矣。然而汪洋之中，往往啸聚三五为商舶患者。岂防御之未尽善哉。盖防之之道，自古难也。夫海浮天浴日，浩乎不知其几千万里。奸恶为祟，来若鹜集，去若风驰，则侦探难也。又鼓拽海中，水邮惯习，乌合而聚，兔脱而散，人莫寻其踪，则扑灭难也。且奸恶之徒，无室家之累，凭岛屿以为穴窟，乘风波以恣出没，则穷治匪党难也。因其难而防之，果何道之从欤？计以为防哨得人，保守得地，先固其襟喉，然后可安其心腹。两岛非无哨船往来巡察也，然盗众不自顾其死，而船兵各自爱其生，名曰巡察，实则以不遇贼船为幸。猝而遇之，有扬帆而避已耳。是以哨船奉行故事，只依近港而止，而海上商旅弃而不顾。斯可谓防哨之得人欤？厦门各处汛防不一，城寨缮修有加无已，无庸借箸已而。金门旧城在原金门所，高耸临江，目极东南，为备海要地。平台而后，以城稍圮，移驻总镇署于后埔。夫兵以卫民，居金门则一望了然，贼艘不敢逼境。今丛杂市中，未免有巡哨不及之患，斯可谓保守之得地欤？又如浯屿，孤悬海中，抗扼海边南境，实为捍蔽金门之冲。先是设兵以守，明成化间移置厦门。沿失至今。议者因有金门庭守帷幕之喻。夫王公设险以守其国，兵不居要，犹之无兵。若襟喉不固，而心腹能安，又未见其有济也。惟是度其地利，酌其可否，宜移者移，宜筑者筑，宜修者修，先据襟喉之要，然后各岛设防，画地分守，彼此会哨，络绎使厦之兵可会于金，金之兵可会于大小担、浯屿各戍，既使贼无出入之路，而且严其勾引，断其向导，勤者有爵赏，怠者有诛罚，将帅严于下令，士卒乐于争先，则金汤永赖矣。

## 议

### 浯洲建料罗城及二铳议

明　蔡献臣[①]

同安海屿，地大而山高者，惟浯洲、嘉禾为最。嘉禾之南，中左之所城也，而洪济为之镇。浯洲东北，四巡检之所棋置，而南则金门之所城也，而太武为之镇。嘉禾去邑五十里，一海可乱。而浯洲之西，则缘溪入海，行六十里出澳头，而森乎不见水端矣。其之邑，则有金门渡、后浦渡、埔下渡、平林渡、金山港盐渡；之董水，则有平林渡；之莲河，则有西黄渡；之安平，则有官澳渡。此皆内海也。其东则外海，为澎湖、为东番、琉球诸国。凡夷贼之由泉而南，由漳而北者，必取水而维舟焉。其澳最平深，于北风尤隐而登岸尤便者，曰"料罗"。故设汛以来，岁勤郡营戍守，汛毕乃归。承平久而戍撤，仅仅浯铜游春、秋汛及之。然亦寄空名耳。癸亥冬，红夷登岸，把总丁赞死之。于是抚镇出二标以戍，而一民居寓兵八九人，大为民苦。未几复撤去，而分金门营兵

---

①　蔡献臣，字体国，明同安翔风里（今金门县）人，万历进士，历官仪制司郎中、浙江巡海道、浙江提学、南光禄寺少卿。

守焉。本澳有官厅、有妈宫。妈宫之前，营房对列，兵居之。近左起一小阜，其下二盘石，并入海，大各四五丈。又左则一石如虹，直亘海中。甲子夏，议建铳台于盘石上。予谓三山横亘海外，澎湖，闽南之界石，浯洲、嘉禾，泉南之捍门也。曩时诸夷，风帆犹在旬月之外。自倭奴潜贩东山，而红夷城台湾，寇贼奸宄渊薮，往来共指同安、海澄间，信宿耳！嘉禾、澎湖设将宿兵，贼未敢遽窥。独浯易而无备，实启戎心。急而图之，不已晚乎，则料罗之城，讵非百年硕画哉？

## 书

### 答南二泰抚院书[①]

明　蔡献臣

夷氛尚炽，秋谷欲焦，此海邦之忧也。年来赖公如天之覆，修政、修教，即须臾间已纤毫毕照，振举靡遗。八郡从兹脱汤火而就枕席，非仁人之明赐哉？近闻红夷复入浯屿求互市，不佞臣因思祖宗设官，良有深意。浯屿一片地，在中左所海中，中左门户也。先朝设把总于此，官因名焉。嗣且缩于中左之城外，嗣且移于晋江之石湖，而浯屿遂成瓯脱。往尚有城，居数家；汛时，汛兵朝往暮归。今红夷来必泊之，则此地之要明甚。浯屿总徙，复设浯彭游，则此官之不可废明甚。倘就本屿建一大铳城，而拨一水哨守之，多置铳械其中，则有险可凭，有铳可攻，夷必不敢泊舟其下，亦必不敢

---

[①] 南二泰，即南居益，明朝渭南人，字思受，万历进士，曾任福建巡抚。抚院，巡抚的别称。

越此而入中左也。又左岸为普照寺，亦可就近寺处建一小铳城，而拨兵二三十名守之。彼此对峙，铳炮互发，夷益不敢越此而入中左也。石匠惟中左最多，而海石亦最多，此不过费一二千金而足，且深得祖宗设官之意。客岁议设游戎，裁把总，鄙见谓石湖可裁。盖游戎宜居中调度，南北照管，而中左所必不可不常往一游。石湖则第以一名色总领数舟守之，兼策应永宁、崇武一带足矣。然此为无事时言耳。今夷舟猖獗，尚议添，敢议裁？惟浯屿之铳城似必不可已也。幸公详议而创是役，真百世利耳。

## 与徐心霍都督书
### 明　蔡献臣

红夷猖獗，幸借大将军威灵，中左恃以无虞。且师律严明，将领知畏而士卒不扰。中左之人，诵功德不去口，惟恐大将军一日而离中左。不佞亦数以大将军廉勤，向当道颂言之，且为敝同喜得万里长城也。然中左者，同安之外户；而鼓浪屿者，中左之辅车，安危共之。若夷据鼓浪，而以坚铳、巨舟泊其下，则中左之较场一带，遂无敢往来者，是断一臂也。又夷舟之泊，必浯屿、大担，而其入必普照、会官澳及鼓浪之左右。故此三处，必分兵守之，而以大小铳付之。又必各以小舟数只佐之，方得水陆俱宜。纵无奈彼巨舟，何独不可歼其小艇乎？至攻夷法，惟火与铳。火攻必须上风乘潮。然茫茫大海，吾能烧，彼亦能避，岂可必其遂入彀中哉？不佞谓夷所畏者，铳耳。若黑夜用小舟几只，载巨铳数挠之，则夷舟必且损坏。即未损坏，必大惊扰。出必以夜，防其见也，舟必以小，避其铳也。夷夜泊则不安，昼掠则有备，其势必饥而逃，是制夷之上策也。或又疑铳大舟小，恐致沉溺，似可用商船、渔船价值十金者，先试之于内港。小舟有损，则更求其稍大者；小舟无损，则依此法乘黑夜击之，又何惮焉？若曰"待其登陆而拒之"，则彼无所不攻，我无所不守，而任彼晏然游弋于风波之中，即不必勾倭通贼，而沿海居民，必被其荼毒。此所谓养虎为患者也。惟大将军裁之。

## 与蔡体国书[①]

明　池显方

人谓温陵文盛，然录未必才，才未必录；继未必善，善未必继。乃至元不论神，魁不论气，以拾唾为正，以纵辔为奇。文章之衰未有如今日也。不肖强项不可，效颦不能；道则未睹全牛，学则尚骑两马；想无望于燃灰，心犹痒于见猎。近欲周梓里，窃抱杞忧。如澎湖之不必多兵，先人曾与许敬庵中丞言之；鹭门之当设钦总，先人曾与黄与参中丞言之。今欲加路将，裁浯彭游，路将之巡既暂，名色之权不尊，泉绅爱其门户，既假浯屿于石湖，复借路将于郡内；泉视同为唇齿，同视鹭为咽喉。奈何以春秋半驻之将，名色一枝之师而支吾巉户者？愚以为路将可设，钦总不可裁。漳有二，泉惟一，可乎？澎湖可移冲锋，不必另总，昔辖二，今无一可乎？则惟转冲锋之师以守金门，革冲锋之领以归钦总，则钦总之寄仍重，鹭岛之枕可安，路将之丁健有出。二钦并峙，两翼互应。每汛拨二捕船于澎，以侦贼出；发一哨船于金，以捍贼入。头目遮固，臂指运间，策之最上者。浯澎陈若苾

---

[①] 蔡体国，即蔡献臣，字体国。

任以来，汛海不波。今惜地则不可裁，惜人则不可调。冲锋既为旧部，则合并固非蛇添；金门既属原辖，则统摄又非马腹。如以柳易播，则不如仍旧职之便；如舍湜求白，则不如仍旧人之便。或加阃司而为路将，裁可也；或并冲锋而归浯澎，勿裁亦可也。惟此二策，公肯详达于当道，如先人之达许黄者，为地方非为陈也。

## 与阙褐公书①

明　池显方

承下询地方最要者，敬陈四条，以便俯采。一移选锋营。同安负山襟海，海达两洋，山通四县，良好杂处，稍以法绳，或逃远岛为蜂屯，或避他邑为鬼窟，或接济而驾艇夜出，或勾引而诱寇突来。粤若遏籴，而穷户赋鸣鸿矣！官稍离县，而势豪张硕鼠矣！欲设一关，而孔道之中复有间道；欲置一旅，而加征之后难以重征。窃惟同安最冲者中左所，次冲者石浔也。中左隔海距县七十里，既有浯铜、泉标二游以卫左右；石浔滨海距县十里，人烟辐凑〔辏〕，土城久圮，前被贼李魁奇突入焚掠，无以御之。选锋营陆兵三百名驻扎中左城内。今海波稍静，山寇可虞，如前年寇夺我舟，水师复为陆用。选锋兵未见奏绩，且株守中左。岛上有急则卸担二游；县中有急则托言阻海。合无将选锋营兵移守石浔，如遇海警，则水师守门户，选锋守咽喉；或值山警，则选锋为前矛，乡兵为后劲。又逐月之军糈就给本县，既足杜其侵欺；有出入

---

①　阙褐公，即阙士琦，字褐公，明朝桃源县人，崇祯进士，知南安县。

之武艺俾教乡兵，复可广为团练。此不费官帑一毫，足收陆兵实用也。一议浯铜游。浯铜旧惟一总，近以地远难驭，分为二游。左游辖自旧浯屿至镇海、崎尾，右游辖自刘五店至官澳、围头。上达泉界、下抵漳封，犄角互牙，最为善法。第舟一日不在汛，则起萑苻之窥；总一日不在舟，则生哨捕之玩。今二游总皆驻中左，逢汛暂出，虽历难周。若寇过洋，既乏狼烟之报，及舟驰救，徒为马腹之鞭。合无令左游收汛驻旧浯屿，出汛巡浯州等处；右游收汛驻刘五店，出汛巡金山官澳等处；游击驻中左，带泉标游一枝稽察两路，庶外洋之声息易通，内地之藩篱益固矣。一练乡兵。乡兵多临时召集，致手器不相调；仓卒派糈，致贫富互推诿。又保长脱壮丁而混充其名，侵科敛而不果其腹。夫操戈矛者，令兼耒耜，难也；挟弓矢者，俾挟糇粮，又难也。今有一法，兵农可兼，缓急可赖者：同安七八百保，合无每保择一善射者，教以射；善铳者，教以铳。民于农隙习射与铳，录为册，以月报县试之，精者赏之。无事则耕，而以射铳为猎；有事则片纸号召，一保取数人或一人焉，可得数千人之用矣。然后令殷户醵钱养之。如坂尾保善飞石、五峰保善药弩以助御敌，虽精兵不是过也。一实仓廪。同安田窄烟稠，贫民以粤籴之通闭为丰歉，富人以米价之高下权奇赢。当炊玉之时而富者之悭甚于惠、潮，故谷直日腾乃储胥独少，县仓有谷而未盈，高浦、金门二所有仓而无谷，中左所无谷并无仓。古者三年收，有一年之蓄；今者数年蓄，不足支数月之饥，况无蓄乎？合无于实者增之，虚者补之；谷籴常通，长纳如坻之粟，丰年必积，永存不涸之仓。此足仓之先几，救荒之上策也。

## 与姜青芝书

### 明　池显方

闻当事者议割中左入漳，敬献荛言，用筹梓里。中左所在海岛，名嘉禾里，延袤四十里，古隶同安。洪武年始筑城，徙永宁卫中、左千户所军守于此。陆行至同安浔尾地，渡海三里；距海澄渡海四十里。嘉靖四十四年，割龙溪、漳浦地设海澄县。前年，漳参将出汛驻中左，后以难兼制两郡，始设泉南游击镇中左，澎湖游击镇料罗海外，其御寇之北下。漳参将原议节制泉、澎，今驻铜山，以御寇之南上。如遇剧寇，泉、澎二将扼之于外，漳将移驻海澄，圭屿控之于中，是卫泉实卫漳也。若割同咽喉入漳门户，则筑澄城时已知重地之不可瓜分，若地仍同籍，辖借漳师，则设泉游时已知漳将之不能独任；若谓贼来恐澄不知，则海澄游有水兵快船十只可以侦探；若谓此漳门庭不宜委邻代守，则固同门庭，原与漳共守；又泉师外御，倘澄邑有警，皆为同舟之风，如漳师改辖，倘同邑有警，未必为缨冠之救。况一所俱属泉军，籍饷既难顿改；又两郡杂居孤岛，奸宄何以稽查？如前夷寇突侵，合三路之戎尚费抵敌，岂今泉游别徙，使极冲之地独责漳师？是审远近之情形，权缓急之利害，万不可隶漳者也。

# 记

## 金榜山记

### 宋　朱晦庵[1]

金榜山,在嘉禾廿三都。北有岭曰"薛岭"。岭之南,唐文士陈黯公居焉;岭之北,薛令之孙徙居于此。时号南陈北薛。黯公十八举不第,作书堂于上,人称曰"场老山"。涧有石,名"钓鱼矶"。堂侧石高十六丈,名"玉笏"。所居有动石,形甚圆,每潮至,则自动。天将风,则石下有声,名"虎礁"。宋宁熙中,邑尉张翥咏嘉禾风物,有"尤喜石能翻"之句,正谓此也。宋淳熙二年春,新安朱熹谨拜赞曰:"猗欤陈宗,浚发自虞。协帝重华,顺亲底豫。克君克子,裕后有余。胡满受封,平阳继世。至于大邱,节义尤敷。更考相业,声名不虚。深羡钓隐,高尚自如。爰及五代,配天耀祖。剖符锡衮,遍满寰区。更秉南越,有分开土。宋室纳款,臣节弗渝。丕显丕承,此其最著。子孙绳绳,别宗寡侣。源深流长,猗欤那欤!"

---

[1] 朱晦庵,即朱熹,字元晦,一字仲晦,号晦庵,南宋婺源人,进士。曾任同安主簿,光宗时,曾知漳州。卒后赠太师。有《四书集注》等著作。

## 玉屏书院记

国朝　白瀛①

同安自紫阳朱子主邑簿,建高士轩、畏垒庵,倡道兴学,闻风踵起者,代有传人。如林次崖以理学名,洪芳洲以文章著,蔡元履以经济称。其他彪炳史册者,未易罄述。厦门于同,一都会也。连山环海,涵天浴日之区,衣冠萃焉。胜国隶中左所,旧有义学,立于玉屏山麓。是山也,迤逦城东,隆然耸出。远瞩沧溟,则列岛浮空,金门、浯屿,壮学海之波澜;凭眺郊陬,则横峰拱翠,金榜、魁星,标文山之竦秀。昔时人文杰出,地灵殆有助焉。自海氛鞠为茂草矣。我国家底定海宇,文教诞敷。前威略将军吴公沿其旧,始建文昌殿。关部郎中雅公复构朱子亭,增置旁舍为师生课义所。彬彬济济,称盛一时。倪总戎封君在中协时,尝捐俸经理。居无何,绛堂渐虚,生徒落落。党庠术序,竟作琳宫梵宇。夫以吾儒横经之地,沦为淄流卓锡之乡,官斯土者曾弗过而问焉,毋乃昧于急务欤?余以谫材,奉命观察海疆,览其山川风土之美,与夫文物声华之盛,思与都人士共相切劘,仰副圣世械朴作人盛典。适总戎随庵倪公由南澳移节斯土,欲继先志重兴之,而缙绅乡先生林君翼池、刘君承业、廖君飞鹏、黄君日纪与诸生,慨然起而任其事。余曰:"善哉!绍先业而启后进,敦人心而茂风俗,所谓一举而数善备焉者也。余不敏,敢不敬承。"爰驰檄有司,肃清堂宇,毋滋僧徒鸠居其中。复斥地而广之,址仍其旧,制维其新。左为文昌殿,右为讲堂。

---

①　白瀛,清朝兴县人,进士。乾隆十四年至二十三年(1749—1758)任兴泉永道。

堂之后，巨石屹立如削，玉屏之所由名也。上为集德堂，新朱子之像而祀焉。东偏为仙真祠宇，增而新之；西架萃文亭，中植魁星碑，巍然高踞，俯视一切。由亭而下，回廊斋庑用舍，师徒庖湢厠库，无不备具。门庭爽垲，位置错落，木石砻琢。黝垩丹漆之工，既坚且致。始事于乾隆辛未十月，以癸酉十一月讫工。縻白镪千八百两有奇。余同都督全庵李公、总戎随荞倪公、前司马谵庵许公、今司马松山四公，捐俸首倡。余则绅士及慕义之家所乐输而成也。自是议膏火、立规条，将有明师硕儒以造吾后生小子者，俾海滨邹鲁之风，蔚然再睹。则与高士之轩，畏垒之庵，后先辉映。岂非千载盛事哉！昔韩退之有言曰："莫为之前，虽美不彰；莫为之后，虽盛不传。"余喜总戎公之克胜堂构，又幸同时之贤士大夫相与有成，共绵教泽于不朽也。因志数言，勒诸丰碑。职其事者：孝廉姚文山、倪邦良，贡生林秀琦、黄名芳，辜义越、陈文榜，监生陈邦彦、张锡麟、林丰椿也。往来襄理则石浔巡检陈自芳与有劳焉。例得并书。至捐赀姓名，别镌诸石。乾隆十八年癸酉嘉平月穀旦立。

## 普济堂碑记

**国朝　蔡琛**[①]

盖闻不齐者，生民之气数；转移者，用世之权衡。天留缺陷，则以人事为之补救；人有阽危，则求利济而期得所。西铭曰："凡天下疲癃残疾茕独鳏寡，皆吾兄弟之颠连而无告

---

[①] 蔡琛，清朝富阳人，乾隆二十九年至三十四年（1764—1769）任兴泉永道。

者。"推斯语也，举凡负性之俦，含生之类，皆不忍恝视。矧牧民者目击皤皤白发，呱呱黄口，无生之乐，有死之哀，犹能晏然已乎？甲申秋杪，予奉命调任兴泉监司，乘剔弊之后，首以去蠹除奸，察吏安民为务。如是者行之期年，商榷不惊，雀苻无闻。出作入息，人安恒业之常。偶因祈祷雨泽，行历郊野，见道旁有遗弃之婴儿，野外多未埋之胔骼，而羸老孤贫，又复乞怜号泣，心窃怒焉，伤之。细求其故，盖厦门内接漳、泉，外达澎、台，四方来往者，实繁有徒。一但旅邸无依，非零落于陌路，即转死于沟壑，势使然也。而闽人习俗，凡女子遣嫁，夫家必计厚奁，故生女之家，每斤斤于后日之诛求，辄生而溺毙，更或贫乏者，忖不能自存，并生男而溺之。余思天性寡恩，大乖伦理，异乡失路，谁切饥溺？因与厦防黄司马谋兴普济堂，以代其养。黄司马告以厦门旧有育婴堂一所，规模初备，系前署观察、今湖南廉镇宫所建。缘未置义产，未治器具，以致竟成虚设。余首捐廉俸贮库。黄司马见而欣悦，亦同捐廉俸。不数月间，闻风慕义者捐至五千圆。署厦防张司马请置义产。余以事闻于制府苏公、中丞庄公、方伯钱公、廉镇余公，均许其可。于是新屋宇、治器具，定立规条，慎重行之。易其名曰"普济"，期事有所兼及，惠有所并施也。其大端或雇乳母以哺婴孩，或募老妪以恤弱小，或给口粮以养衰老，或设医药以周贫病，或施棺木以瘗旅亡，或掩骸骨以免暴露。俾少有所长，老有所终，生遂死安而已。其细目则为之立年限以定婚嫁，随寒暑以给衣食，严内外以密防范，别勤惰以分赏罚，治膏脲以供经费，选方正以司出纳。一年之用度几何，终岁之收养几何，堂有书记，官有册籍，班班可考。庶几期斯堂于不朽耳！非所谓生民不齐之数，天留缺陷之事，将求利济而期得所者以行补救之术也哉？维时共勷其事者则有：提帅吴公、台澳总戎甘公、观察张公、郡守秦君、兴化守佟君、泉州守陈君、永春牧嘉君、海关司榷彭君、中衡参戎朱君、署中衡游戎金君、厦门司马黄君、建宁司马张君、金门别驾梁君、莆田王令、仙游胡令、晋江方令、惠安杨令、南安靳令、安溪朱令、同安吴令、德化王令、大田汪令，与夫庶司众职，各捐廉俸有差。而鹭门之荐绅父老、官司职役，尤欢忻鼓舞，相乐输而无吝色。猗欤休哉，何善之所归，人有同好，竟若斯之不谋而合，捷如转圜者欤！余因始其事，志其行，为之刻石以纪。其一石纪官爵、姓氏，施与数目，所以明不朽也；又一石纪批详年月、田亩钱粮，所以垂永久也。若夫林林总总，孳息弥蕃，存活日益多，经费日益广，俾斯堂之得以常留而不坠，老少之永享利赖而无穷，则俟夫后之君子。余实厚望焉。是为记。

## 鹭门山行记

### 国朝　张对墀[1]

岁在著雍困敦之蒲月，笔耕稍暇，偕一二解事门徒，自后溪买小舟棹至鹭门港，观所谓"南溟天池"者，纵览迷津。舸舰由水登陆，命土人引道。至胡同入，村落数折而遥，径路宛转，绝处忽通。告者曰："此白鹿洞也"。叠石插天，中藏兰若数椽。门外险仄，附以木版，著以疏栏。时山屐方瘁，

---

[1] 张对墀，清朝同安人，迁居晋江，字丹扬，号仰峰。康熙进士。曾任太康知县。

挥汗如雨。稍憩大石下,觉有岚色袭人。凭栏远眺,见海潮拍岸,似逼欲溅人。微风飘飘,自栏外至,令人忽想北牕羲皇侣也。须臾,微汗稍收,间道过虎溪。石壁嵯峨,曲径幽邃。亭榭则画栋飞云;楼阁则珠帘卷雨。席草而坐,望山顶石槛,遥闻禅房深处,隐隐有小儿咿唔声,因低回久之。山行四五里许至万石岩。岩下有水一泓,清浅可人,径路幽隐,大类渔父问津处。至寺门,有小路自上而下,穿石穴孔,流水潺潺,纤回屈曲,万窍玲珑,时露天光。平处宜偃卧;广处宜置食榻;幽处宜趺坐;洿处宜濯足,高处宜挺身直立;低处宜鞠躬缭绕。往复约里许,方出石外,通上岩焉。时片云微黑,急雨骤至,点衣如风落松子。呼寺僧汲水煮茗,连吃卢同七碗,而山风已送雨过别墅矣。南普陀寺者,靖海将军建也。寺面海背山,众石磊磊可爱。左有石形似钟,旁产一石槌,横侧似欲撞钟状;右有石形似鼓,旁产二石槌,并悬似欲击鼓状。寺后有石洞,大书"六月寒"三字。洞中石几,流水过其旁,声综〔淙〕漂入人耳,殊为可爱。遇旧子姓游僧若愚者,邀入共坐,谈祝髪后沧桑,不觉人语与泉声俱长云。游兴未阑,回故道,复步至碧山岩,上绝顶观海,过磊泉而归。夜宿巨舰中,更阑潮涌,但闻奔腾澎湃声。水涨舟浮,枕席皆动,恍疑方丈瀛洲巨鳌未戴时也。凌晨起盥漱,东方未曙。残月疏星,错落映水,上下如珠玑。顾而乐之。少顷,主人告余曰:"有云顶岩者,鹭门胜概也。盍更往观乎?"回首偶望,见白云依依,归思忽动,姑置以为后图。而自是扁舟命回,复为木石鹿豕中人矣。

## 玉狮斋记

### 明　池显方

鹭城如斗，内巨石有九，古榕十有二。而北石居其五，榕如之。惟龟石最高，二榕盘之；狮石最奇，一榕覆之。二石距不数武。余斋右枕龟而门面狮，故名"玉狮"也。丁巳秋，梦骑青狮，执玉如意，因结茅于此。时先严讶其僻小，遂不住。腊月罹大疢，越年六月稍收神。简书苦无静馆，复左接橡对山右筑亭，傍树而同一门，故统名"玉狮"也。厅有三，以丈计；庭有二，以尺计；房有四，以指计；窗有八，以目计。垣外人家有千，遥山有万，以意计。榕本茂，不值花；地本高，不架楼；客本少，不掩户。海之胜，亭收之；山之胜，斋收之；云烟风月之胜，树收之。而合诸胜之胜，则主人收之。然至风雨晦冥之时，人迹既稀，山鬼欲泣，聒耳凄肠，有泫然而不禁矣！夫狮，智物也。至人用幼智而不住。余因读书数月，以答山灵。仍前不住，以遵严命云。戊午仲冬三日。

# 序

## 《颍川先生集》序

### 唐　黄滔①

唐设进士科，垂三百年。有司之取士也，喻之明镜，喻之平衡，未尝不以至公为之主。而得丧之际，或失于明镜，

---

① 黄滔，唐朝莆田人，字文江，进士，有《黄御史集》。

或差于平衡，何哉？彼其负不羁之才，蕴出人之行，殁身名路，抱恨泉台者多矣！呜呼！岂天之竟否其至公也，抑人自坎其命邪？颍川陈先生实斯人之谓欤！先生讳黯，字希儒。父讳贽，通经及第，娶江夏黄夫人，贤而生先生。无昆仲姊妹。十岁能诗。十三袖诗一通谒清源牧。其首篇咏河阳花。时面豆新愈（疮之如豆），牧戏之曰："藻才而花貌，胡不咏歌？"先生应声曰："玳瑁应难比，斑犀定不加；天嫌未端正，满面与装花。"繇是声名大振于州里。十七为词赋，作《苏武谒汉武帝陵庙赋》，便为作者推伏。二十为文。先生松姿柳态，山屹陂注，语默有程，进退可法。早孤，事太夫人弥孝。熙熙愉愉，承颜侍膳。虽隆云路之望，终确彩衣之恋。而及其子蔚冠，太夫人勉之曰："付蔚于潘岳之筵，俟尔于郄诜之桂。"方于乡荐求试贡闱，已过不惑之年矣。乃会昌乙丑，逮咸通乙酉，其间以宁家兼在疚之断绝，往来吴楚之江山，辛勤秦雍之槐蝉。叹嗟知已之许与，与同郡王肱、萧枢，同邑林颢、漳浦赫连韬、福州陈蒇、陈发、詹雄同时而名，价相上下。呜呼！斯八贤皆以不羁之才，出人之行，恳恳乎进趋，恂恂乎乡党，而无所成，岂天之竟否其至公耶，抑人自坎其命耶？俾有司失其明镜，差其平衡之如是！结冤气于名路之中，衔永恨于泉台之下，岂不甚欤！先生之文，词不尚奇，切理也；意不偶立，重师古也。其诗篇、词赋、笺檄，皆精而切，于官试尤工。某，即先生之内侄也，卯而趋隅，顷随注之。岁先生下世后二十五年而忝登甲第。东归之，求遗稿。其季子邃泣曰："兵火也。"少得其文三十一首，赋若干首，他处得诗若干首，敬俟增而后述。天复元年，某叨闽相之辟，旋使钱塘，与罗郎中隐遇。隐曰："咸通初与先生定交于蒲津秋试之场，赋则五老化为流星；诗则汉武横汾。先生之作也，为试官严郎中都之吟讽，秋场五十人之降仰。今遗稿可丛，愿序之。"既还，不及求增，谨以所得之文、赋、诗、笺、檄，分为五卷，抹泪搦管为之前序，将寓正郎为之后序。正郎负宇内之雄名，用释泉台之永恨。时天复二年秋七月也。

## 《颍川先生集》序
### 唐 罗隐[①]

颍川陈先生，讳黯，字希儒。曩者与余声迹相接于京师，各获誉于进取。咸通庚寅岁，胶其道于蒲津秋试之场。自后俱为小宗伯所困不一。某甲申春，告余以婚嫁之牵制，东归青门。操轨之后，余亦东游。逮大梁时，故杭州卢员外浔在幕，赍其文轴，谓余曰："陈君罢而归，岂期斯文之终窒乎？子东及之，为我归其文而檄其来"。余至维扬，乃归其文，遵其言，相欢月余而后别。我谢范阳公龙门之役，不复顾矣。由是音尘杜绝。天复元年，四门博士江夏君通家相好，于吴越面余，论及场中曩之名士及希儒之表也，余不觉怆然怀旧。明年，黄君以其文章德业以寓俾余系述，遂得申斯言。呜呼，大唐设进士科三百年矣，得之者或非常之人，失之者或非常之人。若陈希儒之才矣，则非常之人失者矣！夫德行莫若敦于亲戚，文章莫若大于流传。今已备于江夏之笔矣。予不克再，敬正书交道于是。噫！

---

① 罗隐，唐朝余杭人，原名横，举进士十上不第，改名隐，字昭谏，自号江东生。

## 裨正书序
### 宋　朱晦庵

《裨正书序》三卷，唐陈昌晦撰，凡四十九篇。熹所校定，可缮写。熹被府檄，访境内先贤碑碣事序传，悉上之府，最后得此书及墓表于其家。表文猥近不足观，然述其世次为详。书杂晚唐偶俪之体，而时出奇涩，殆难以句读也。相传浸久，又多讹谬，无善本相参校，特以私意定其一二，而其不可知者，盖阙如也。观其洁身江海之上，不污世俗之垢，纷次辑旧闻以为此书。虽非有险奇放绝之行，瑰怪伟丽之文，然其微词感厉，时有发明义理之致而切于名教者，亦可谓守正循理不惑之士矣。操行之难，而姓名曾不少概见于世，亦足悲夫！诗之序曰："乱世则思君子不改其度。"若昌晦者，可为近之。故熹因校其书而为序其意如此，后有君子得以览焉。

## 《玉屏集》序
### 明　蔡复一①

古今万象皆诗也。万象归其光而不得遁，古今受命而乐为之役，则才之所至也。而子之立教必曰"温柔敦厚"，何哉？是非离才也，才而深之之道也。以王、孟之柔厚若有过于李、杜，而终不敢踞李、杜之上，则才之所至，法不得争矣。"温柔敦厚"，诗德也。其镜万象而冶古今者，才也。德

---

①　蔡复一，明朝同安人，字敬夫，号元履，万历进士，历官巡抚、总督，有《遯庵全集》。

可小心入，而才不可盛气取。故曰"才难"。吾入楚与其君子言曰："议论而能不借李宏甫眼，风雅而能不沿袁中郎筏，吾必以为巨擘。"是亦温柔敦厚之教云耳！吾虽以之述教，而终不敢以之衡人。"才难"故也。吾乡里之才，莫如池直夫。禅其心，山其骨，而发之于诗曰："玉屏集"。吾未及至玉屏，而以斯集为玉屏卧而游之。划然而开，则以为有诗眼；谺然而邃，则以为有诗胸；嫣然而相怿，则以为有诗容；突然而自恣，则以为有诗胆。而一言以蔽之曰："诗才"。才者，何也？古今万象，入于其镜而寒，出于其冶而热者是也。寒之而不敢遁，如禹鼎之搜毛发，灵怪且啼；热之而乐于受命，如铸五色石以补天。隶天之人距曲交踊，皆才之所至也。而于古人柔厚之脉，时一离之。若有不暇且不屑者，则才之所至，法不得争也。直夫自以其率、其险、其疏散，有得于玉屏而与之角奇。然予谓是三者，可令人疑、令人骇、令人怒而不可令人厌。厌则德之薄也。直夫持论，颇喜李宏甫，而读其诗，间堕中郎云雾。予怪焉，狮子独行，肯为是规规者。今乃如才子襟灵，造车合辙，岂必千载后再一杨子云哉？犹记在楚□[①]酒袁小修，与言诗曰："诗可以兴，其寄象前，其感音外，妙在渊乎有余。若公输氏当巧而不用者也。"小修曰："此深于才者也。而人之不能尽其才者，比比也。君将安取不能为不尽，而能为尽？"小修盖自许云。若吾直夫则能尽其才者也。噫，使才之道而不深言之，则虽以温柔敦厚为未尝有才焉可矣！吾又将与直夫言矣。

---

[①] 漏字，疑为"祭"字。

## 观海堂平平编序

### 明 蔡复一

取平于水而言天下之至奇者，莫海若。海也，风立之而山，云取之而市，异物都之而光，怪奇矣！而吾所奇者不存焉。钟美疏恶，族鳞介行，舟楫成五；盐力之强以浮，地气之微以平；火，以信日月，以作雷雨。吾所谓奇也，乃水之所谓大平也。平，水德也。德以有当用以用而不穷，奇不穷则大，大则化。其山、其市、其光怪者，化之余也。化不可知，而可知者从能为水始。涔潦之待涸也，未能为水也。故学海而不至有水，于此跃而声曰："吾厌为水，而且必为海。"其果能海乎？圣言海也，以水观海，其澜不远。今之骛奇者，离水而欲为海者也。吾友允坤林君，独行其博士言曰"平平编"。读君之文，指传于理之所必抉，而舌导其中之所欲鸣。其机拓若有余，而于巧常啬而有不敢尽。独茧抽丝而无杂绪，弹丸脱手而无滞势。此不厌为水而能为水者也。则恶知无奇之非大奇欤？允坤今令浮梁。古之令者，精神用于阡陌、亭障、桑麻、树畜，政盖平平，而史以循吏著。循吏之济民大矣！察吏之智疑鬼，健吏之惑疑帝，毛举骛击无当易穷，君子弗奇也。夫大平之奇，文与政皆然。非净心弗止，非精心弗行。水清而形物者也。允坤以之航浮梁，而海乎天下不疑矣。允坤读书之堂曰"观海"，而吾与之言海。余与允坤皆海上人也。

## 说诗自序

### 明　池显方

善说诗者，莫如子夏。大序之传，人犹疑之，况齐、鲁、毛、郑诸家乎？夫说诗与作诗并难者也。作诗者，其感物前，其寄象外；说诗者，本无感，寄而代诗人为感寄。说风而被人不远，说雅而洗俗不净，说颂而形容不真者，不解说也。即说风而不能通之雅、颂，说雅、颂而不能通之风，亦不解说也。即说风、雅、颂而仅写诗人之感、寄，不能写自心之感寄，亦不解说也。人谓诗之有功于世，不在作而在删者。余谓夫子之有功于诗，不在能删而在能说。括三百于"思无邪"之一言，非圣人能若是说乎？乃说者遂因"无邪"之旨，而疑郑、卫。复因序之解而疑朱，纷纷未定。不知天下惟夫妇之思最真，故特以风居诗之首。我不学其思而学其真，即从序从朱无不可者。然则胡为删？夫子虑情之溢也，故宁从约。思者，情也；无邪者，性也。约情归性，学问之道如斯而已。汉、魏祖其思，而发为沈雄秀丽；唐人祖其思，而发为渊娟秀巧；宋、元祖其思，而发为轻纤艳幻之词曲；当代祖其思，而发为靡曼妖妍之帖括。诗愈变，说愈岐矣。余尝学诗，祖汉、唐之思，而犹不肖。乃今知三百篇之难也。既不能说，安能作？深愧余诗之妄作也。因披篋摘廿余首，惧而不敢多说，从夫子之删而已。

## 击筑集自序

明　阮旻锡[①]

《击筑集》者，阮子客燕作也。阮子自丙午入都，计六易寒暑矣！然岁丁未则自燕而返闽；戊申则复自燕而走豫。故断自己酉以下为《击筑集》也。夫燕为召公所封国，"二南"篇章播于雅乐，先王之教泽存焉。迨乎燕昭下士，子丹养客，而后椎埋屠狗之夫，接踵于燕，而风为之一变。虽不轨于正乎，要之轻死生，重然诺，往往以身许人，君子犹有取焉。然自汉至今，毋论召公之化邈乎难追，而所云感慨悲歌之士，间亦未尝一遇。岂非世远人湮，山川如故而九原不可复作欤？然则击筑之思，亦犹怀古之志也，或曰："筑，商声也。子之近作，其声于商为近。"然耶？否耶？因并识之，以俟知者。

## 籁余草序

明　阮旻锡

忆与郑子啸歌万石之峰，盖十余年矣。庚子夏，避地东山楼，阅春而楼毁。郑子好藏三代鼎彝、秦汉金石及宋元名人墨迹，尽火于楼，无余也。而予藏书数千卷，亦与焉。两人因相视而笑。郑子曰："吾尚有余者存。"盖指其诗草也。夫郑子乙酉岁游榕城，有《三山草》；归而开万石禅林，有《万石岩草》；又汇其近集，题以《心籁》。然皆火于楼矣。近学余善病，事参苓而心独不为物役，复记其前后，集为《籁余》。予亦未知其所余何事。然既谓之"余"，则视吾一身中，

---

[①] 阮旻锡，明末清初厦门人，字畴生，号鹭岛道人。他不仕清朝，数十年出游名山大川，晚年隐居武夷山。著作甚多。

有爪甲、涎涕、毛发、须眉焉"余"矣。而耳之听、目之视、口鼻之味与臭，亦莫非"余"也。况人间之为声、为色、为歌舞、为战斗、为悲愁、愉快、怨恨、思慕，何适而非"余"？悟所谓"余"，方将离形气以游清虚，亲性灵而辞尘垢，又焉有物余于吾心之内哉？虽然，余者，因其至足而命之也。不足于内而无余，则足于内而为有余矣。闲尝观日月、星辰、山岳、河海以至崖谷云飞、汀诸霜落，知为天地余也。草朝花、木秋实，鸟现、鱼潜，百兽、昆虫相与叫号游走，知为山川余也。大而颉之书、夔之乐、姬公之礼制；小而扁之治病、旷之治律、良之御、庖之牛、秋之弈，知为圣贤余也。郑子不余于物而余于心，其著为经时之略，处世之宜，皆心余也。又散而为溪山之秀丽，亭阁之参差，收而为笔墨之离奇，技能之工巧。天地所有，古今所传将无余矣。予方思窃其"余"，以备藏书之阙，至其所以为"余"，则予固深思之而未得。郑子亦不能以其所得而共之于人也夫？

## 啸草序

明　纪许国①

古之为诗者，不甚滞声响、笔墨间，至唐而诸体始严密。然皆根于情、寓于境，不必以为雕缕绮缋也。故其时以诗名者，往往多山林抗浪之士；不则挫于下僚，郁于势会而以其奇怪瑰卓者，散寄于篇什之中。情之所至，时代不足以限之

---

① 纪许国，明末清初同安人，字石青，少聪。清兵入关后，他避居厦门十五年，常与一些流亡寓公作诗吟唱怀念明朝。著有《吾浩堂诗文集》等。

矣。然则天下之诗人，皆天下之深情人也。而世之论者，方且遗本而饰貌，踵事而增华，不已浅乎？鹭岛峰峦竦秀，烟垂云接，异人多栖托其中。余侨居岛上已五载，诸友人有言阮子隽敏善诗歌者，予心识之。既而阮子出"啸草"相示，罗罗清疏，言必称乎情。如咏郑所南《心史》及赠陈白云、和王百谷诸作，皆峭出无世俗雕镂绮缋之习。然则阮子其瑰伟、怀感慨而有以自振者欤？阮子年甚少，思甚锐，由是而造焉，其以迫于古不难。然吾闻孙登之在宜阳山也，阮籍访之，作"啸声"，求与俱出，登竟不应。予迂且钝，且隐耕遁钓，世事阔绝，以自托于古之无用者。阮子他日名当益盛，尚能访我深崖篁竹间作"响人声"否也？

## 志　铭

### 诰授威略将军福建水师提督吴公墓志铭

**国朝　李光地**[①]

公讳英，字为高，号愧能。世居福建泉州之黄陵，后徙大浯塘。曾祖曰宾吾，祖曰振泉，父曰登，并以公贵，累赠荣禄大夫。妣皆赠一品夫人。公早孤。值海滨抢攘用将材，起家随大师克平金、厦，功授都司佥书，隶浙江提督。岁甲寅，三蘖并兴，耿精忠遣伪帅出仙霞关，犯金华、衢州，旁入江西；海寇响应，东南震动。官兵进剿，公在行间。或间公闽人不可信，提督塞公独深契之，授公左营游击。公奋励。

---

① 李光地，清朝安溪人，字晋卿，号厚庵，康熙进士，累官直隶巡抚、文渊阁大学士，有《榕村全集》等。

甫视事，三日退宁海、梅坑贼；进兵双门，解台州围；复破水贼张拱垣于三门港，歼伪帅朱飞熊于毛头洋，军气大振。既镶蓝旗贝子富公至浙江视师，提督首荐公，即命为前锋。公引兵扬言修毛坪路，阴袭凉棚，取之，斩贼帅刘邦仁，遂复黄岩。贝子奇之，寻令复太平、乐清等县。抵上塘，遇贼兵二万众，奋击之，斩数千级。贼将许奇保残卒据绿帐，隔河而阵。公下令，人负草一束，夜乘潮填间而济，大破之。遂由猴孙岭夺其堡，引大兵直至青田。伪帅连登云以十万众围处州逾二载，闻青田破，饷道阻绝，遂夜遁。曾养性者，耿逆之枭将也，拥贼兵数万据温州。乘王师初至，分五路夜烧我营。公急白贝子，令诸军弃营据险，军以不乱。公自率精兵据大羊山，阻其要道；复请分兵五百，抄伏敌后。是夜，贼冲杀数四，公力战达曙，身中数创。士不伤者才五十人。天明，单骑突之，大师继进，伏兵并起。贼自相残踏，斩获无算。公逐贼于温州城下，铳伤马颠，复奋起，刃十余人，夺贼马以战，贯其众，由将军桥以归。初，贝子收兵，失公所在，大骇；既见公、喜且泣曰："以一身当数万众，战终夜不殆，神卫汝忠耶！"是役也，曾养性仅以身免，耿氏精锐尽矣！未几，还守宁波中军。适贼船二百余艘，直临定关。公侦得定关守备方俊，受伪札为内应，请提督立斩以示贼。贼遽退守象山，公复请兵破之。旋奉檄收捕大岚山寇，搜斩数百人，余党溃散。时耿逆已输诚，而松阳、遂昌山寇游魂出没。贝子驻师石塘，召公捕之。贼首冯公辅屯戴火山，素詟公威名，出就抚。其别魁林惟仁、黄太相等拥众黄鼻山，左倚悬崖，右临深潭，以独木为桥，山广袤数十里，莫可踪迹。前督抚遣人招之，辄为所杀。公令诸军持三日粮，夜腰绳，鱼贯上，席草而下，至杨梅滩，遇贼破之，降其众，山寇悉平。而海孽复炽，陷海澄，困泉州，断洛阳长桥以阻援兵。公以副总兵官从康亲王救剿。自仙游分兵两路，出间道，解泉围，夺江东桥守之；破寨十有九，遂复海澄。己未秋，擢同安总兵官。明年，率舟师合大军进攻金门、厦门，贼弃两岛，遁回台湾。会靖海侯施公琅来提督海疆事，议进攻澎、台，引公自助。遂以癸亥六月某日，发铜山，取八罩，直抵澎湖。贼势盛，前军被围，公单船拔出之。翼日进攻，杀贼先锋，烧其船。公所乘船，忽为潮水冲着石上，贼船火烈，将及公，副将詹六奇驾小舟，挽公避再三；公以众军在船，义不独存，坚却之。船忽浮起，士气益励，战弥力，贼大败，毁贼船百九十余艘，歼伪官将三百余员，杀溺贼兵五万计。俘者皆纵遣使归，谕以恩信祸福。整众临之，贼势穷，纳款举土降。施侯凯旋，留公镇抚其地。自海逆负险造乱，四世历六十年，所①公与施侯合谋，七日而举之。天子嘉公功，眷待与施公埒。寻调镇舟山，海寇洪焕等二千余人，闻风归命。再擢四川提督，破吴三桂余党杨善、师九经等，散其众。川中洊经兵燹，千村荆杞，伏莽窃发。公严塘汛，悬赏购募，获积盗三百余人，毙其魁六十三人于杖，盗贼屏息。镇蜀十有一年。施侯既卒，上念闽海反侧，非宿将莫能镇抚，遂调公福建陆路提督，旋改督水师。凡十余年，前后如京师朝行在者再。御书"作万人敌"四字以赐，加号威略将军，优以世职。请老不许。癸巳夏，上于热河行宫，御制七言律诗一章，将以锡公，命诸王以下大学士扈从诸臣皆属和。盖追念

---

① "所"字，疑为"衍"字。

元功，所以褒崇之者甚备。而公已于七月廿四日终于位矣。疏闻，天子轸悼，下部议恤。其孤应龙等将于某年月日葬公于某县某地之兆，状公事绩、官阶，乞余铭其幽隧。吾闻攻毒之饵，恒出于瘴疠之区，乱之兴也，其受乱之地必有人焉，足以还自救也。闽之乱亟矣，莫甚于耿与郑。耿之平也，公既力诸原；海氛之靖，则施侯为之主，而公实赞之。盖公所至，以功业自显，而造功于闽为尤大。余于公同为闽人，又姻好也，知公深，志其可以辞乎？公生前丁丑十月初七日，得年七十有六。配夫人蔡氏，前公卒。子男十人：应麟，布政使司参议、江西督粮道，亦前卒；应龙，刑部郎中、候补副使道；应凤，壬午举人、户部郎中；应鹏，福建水师提标游击；应鲲，辛卯举人；应鹤，岁贡生；应枢、应权、应机、应璋俱幼。应机，余叔父永春总兵公婿也。女五人，皆适名族；孙男十二人，女十三人；曾孙五人。持身宽厚谨恪，居于家门，不纵不苟，乡人久安焉。待族姻朋好有恩礼，虽勋高爵大，异于古名将怙侈骄暴者，故能以功名终。著《行间纪遇》一编，所录皆实。余尝序而行之。兹复志公之概，而系以铭曰："云雷之屯，君子经纶。天造草昧，以启厥勋。敌王所忾，绥我乡人。保斯土者，人亦保焉。望公松楸，孰敢不尊？千秋万岁，式固汝原"！

## 广东副都统陈公墓志铭

国朝　方苞（灵皋）①

公姓陈氏，讳昂，泉州人。世居高浦，国初迁海滨居民，徙灌口。父兄相继没，以母寡艰生计，遂废书，贾海上，屡濒死。往来东西洋，尽识其风潮土俗、地形险易。康熙癸亥，上命浙闽总督姚启圣经略台湾，遣靖海伯施琅统诸军进战，求习于海道者。公入见。时制府以水战宜乘上风，公独谓北风飙劲，非人力可挽；船不得成舻，不若南风解散，可按队而进。施意合，遂参机密。将至澎湖，北风大厉，氛雾冥冥，昼面不相觌。三日，军中恫疑。公进曰："此杀气也。将军毋以父兄之仇欲效楚伍员倒行而逆施乎？"将军曰："然。则吾誓天"。公手案以进。誓毕，风反日晖，遂克澎湖。归疾病痍伤者于台湾，其吏卒大熹。郑氏逐归命，兵不血刃。策勋授苏州城守。一调再迁，而至碣石总兵官，擢广东副都统，皆滨海地也。尝奏诸西洋治象数者，宜定员选，毋多留；其留者，勿使布其教于四方。自开海洋，登莱、江淮间海舶至，菽粟布帛即腾涌。金曰："内地年登而谷贵，职此之由。"久之，语上闻，命尽闭海洋。公闻之独曰："南洋非此伦也。吾少历诸番，皆习耕稼，无资于中国；或海壖毁饥，商舶尚以诸番之米至。今概绝之，则土货滞积，而滨海之民半失作业。"欲上言，会疾作，将终，命其子以遗疏进。众皆疑焉。叩之闽人，则曰："斯言也，其信。"公之子伦炯介吾友杨君千木请铭，余既奇公之迹，又其言宜考信于后，乃受其请而

---

①　方苞，清朝桐城人，字灵皋，号望溪，康熙进士，曾任礼部侍郎，著有《春秋通论》《望溪文集》等。

谱之。公历官皆能其职，有遗施在人。卒年六十有八。父讳健；前母许氏，母王氏。自曾祖以下，皆受一品锡命。夫人林氏。子三人：长伦炯，次芳，次伦焜。以某年月日葬公于某乡某原。铭曰："迫为生海，之涯备诸。艰危荣遇，亦由兹志。愿无余安，以反其居。"

(以上见《厦门志》卷九《艺文略》)

## 杂　记

国朝周祖唐，浙江上虞人。顺治丙戌，随佟将军岱入闽，以军功授海澄教谕。海寇郑氏破县，唐以天时人事反复开导之，且云："本朝政从宽大，尔父深识时务，业经归命，尔欲何为？"贼不听，执入厦门，胁之降，不允，厉声骂曰："尔背亲逆命，祸必及身。"贼怒杀之。后人葬之于厦门水仙宫侧，立碑以纪。(漳州府志)

闽人陈衍尝著《槎上老舌》一书，中载一则云："鹭门僧贯一，以请经过会城，寓予竹房。言去夏夜坐，篱外小陂陀，有光连三夕，发之得古砖，背印两圆花突起，面刻隶字四行，文曰：'草鸡夜鸣，长耳大尾，干头衔鼠，拍水而起。杀人如麻，血成海水，生女灭鸡，十亿相倚。起年灭年，六甲更始。庚大熙皞，太平万纪。'贯一觉有异，默记其文。投砖海中。予录观之，似应泉海之事，乃比者抚成，且籍镇定，又若无征。然三复寻绎，不能不结杞忧。"予按此书为崇祯庚辰刻本。康熙癸亥，在京于郑山寓中见之。其言草鸡长耳大尾，离合成郑字，谓芝龙也。干头衔鼠，谓甲子，郑以甲子叛，以甲子亡，故云六甲更始。生女十亿，女加兆为姚，岂谓总督姚启圣乎？鹭门即今厦门，前年巡抚吴兴祚克厦门，今年姚启圣克台湾，而郑氏无遗种矣。所谓庚大熙皞，太平万纪者，乃指康熙建元以来，天下太平，盖深为海内臣民欣庆云。（《艮斋续说》）

（以上见《同安县志》（乾隆版）卷三十《外纪》）

五通岭①在县南庄坂尾路旁，旧祀五通神，故名。上有二巨石夹路如门，石上有迹若鱼头，上向者数十，上刻"龙门"二字。相传宋文天祥侍幼主，自踏石至此所刻。何乔远《闽书》云：予尝至其处，岭路岞崿，非通道也。幼主又自龙窟登舟入海，亦不叶取途。惟嘉禾屿有五通岭，幼主所过，乃此岭也。又文丞相未尝奉幼主南行，二字大似米元章笔，亦非丞相笔法。想当时取象名石，而所云丞相，或陆丞相欤？

陈将军，缺其名。浙江处州人。以万户运漕九荐擢浯、澎游把总，驻厦门。下车尽剔宿弊，其肃统也，频笑不假于诸裨；其颁纪也，臂指直行于他部；其密授机略也，则剿倭奴于澎涛之险；其躬督夹攻也，则捦②巨寇于钱澳之遏；其号令精严，搜诘精窍也，则商绝越贩之私，盗扫窥藩之影。自履任以来，汛海不波，岛民戴德。会有路将易钦司之设，将军以资浅调陆去，池显方为文送之。（《晃岩集》）

普陀为浙东福地，鹭门亦有古刹，名南普陀。公余偕同人屡游其地。西偏有映月轩，殊饶胜致，壁间粘松江程明府

---

① 五通岭，《厦门志》卷二《分域略》注曰："《府志》龙门二字，在今洪济山留云洞下，去洞百余步，有两石壁夹道，道甚狭，才通人，字镌其上，大可三尺，秀削平正，是欧体，非米体，孝廉吕世宜手拓示余，最可胜"。

② 捦（qín）即捉，擒。

运青题句云:"岩花天外散,海若望中迷。"如为灵山写照矣。(《清绮集》)

隆庆庚午乡试,泉郡合顺天榜两元五十八士。北畿领解①,为李文节先生,省元则厦门林讳奇石,奇石、林啓、刘汝楠三人中元,相去皆四十三年。(《温陵旧事》)

刘鹤田进士与兄志贤并以第二人领乡荐。志贤事特奇,将揭晓时,已不遇。有群鹊噪于至公堂,状若有求,主司曰:"是必有阴德未售者。"乃重阅卷,得志贤卷。其孟艺冠通场,乃置第二,鹊遂群呼而去。

(以上见《厦门志》卷十六《旧事志·丛谈附》)

---

① 领解,即乡试中式。

# 附：有关《鹭江志》研究资料索引

《征求本邑名人遗著——〈鹭江志〉》，原载 1932 年《厦门图书馆声》创刊号。

《征求〈鹭江志〉启事》，原载 1932 年 11 月《厦门图书馆声》第十一期。

《福建〈鹭江志〉考略》，薛澄清文，原载《禹贡半月刊》第四卷第七期。

《厦门志乘浅识》（节录），方文图文，原载 1985 年《厦门方志通讯》。

《重见天日的〈鹭江志〉残卷》，洪卜仁、方红菱文，原载 1985 年《厦门日报》。

《〈鹭江志〉述略》，许霆文，原载 1986 年第 1 期《厦门方志通讯》。

《也谈〈鹭江志〉》，朱立文文，原载 1986 年《厦门日报》。

《谈〈鹭江志〉及其文献价值》，李秉乾文，原载《厦门大学学报·哲社版》，1992 年第 1 期。

《散失一百多年的厦门珍贵文献〈鹭江志〉失而复得，即将整理出版》，杨伏山文，1996 年 11 月 19 日中新社电。

# 后 跋

《鹭江志》成书之日，厦门不过"同安县之一里耳"。作者能够体察它的重要，预见它的发展，撰志以遗后人，不能不说是独具慧眼，巧著先鞭。

尽管前人对该书也曾有过求全的议论，不足的遗憾，但毕竟动摇不了它厦门志书的滥觞的地位，抹杀不了它地方珍贵文献的价值。我们关心厦门史志，就应该给它以一定的历史地位，固无须奉之若经典，更不该弃之如敝履。也许正是由于缺少这么一种态度，在周凯《厦门志》问世之后，《鹭江志》竟在海内亡佚，遍求不获。

古人说："礼失求诸野"，我们却是"书佚得自夷"。《厦门文化丛书》编委会同仁欣闻林仁川教授自荷兰携回该书残本的复印件，迅即决定将其整理付梓，并将校订重任委之李熙泰副主编。熙泰谨严审慎，繁剧自任，为弥补残本所缺的卷二、卷四，诚邀江林宣副馆长参照残存目录，自《厦门志》《同安县志》等书中辑录补佚，以期恢复全貌，并在署名方面作谦退之处理，非热爱厦门文化者，不克臻此，良足多也。

本书整理工作伊始，即蒙我市党、政领导和学术界的关怀，厦门大学潘懋元教授、陈孔立教授、杨国桢教授在整理方针和体例方面提出了宝贵意见。整理过程中，复承朱鸣岗教授、高怀先生、余纲教授、林岑先生、黄拔荆教授、陈茂同教授诸位专家，鼎力襄助，辨惑析疑。完稿后，更承陈孔立教授、何耿丰教授，不辞辛劳，审阅一过。借此统致谢忱。

　　在这里，还要向支持查考、缮写、打印、校对大量资料的余秉建、洪雅文、林桂卿、陈红秋四位资料助理致谢，感谢他们做了烦琐而不可缺少的工作。

　　由于别无善本可资对照，更以时移世易，认识局限，舛错疏失在所难免，欢迎海内外关心厦门文化的人士不吝赐教。

陈照寰
一九九七年夏于厦门

# 再版后记

《鹭江志》是厦门现存最早的一部地方志书之一，是了解厦门历史不可或缺的一部地方历史文献。该书是在清乾隆年间由薛起凤主纂，黄明香和杨国春分修而成。现存乾隆《鹭江志》虽为残本，但其关于厦门建城时间、人物传、厦门古代物产和厦门名胜古迹等的记载，多为其他史书或志书所缺，因而具有较高的文献价值。

1998年首次出版的乾隆《鹭江志》整理本（以下简称《鹭江志》）是在《鹭江志》残本的基础上，根据残卷中的目录从《厦门志》及《同安县志》辑佚补缺完成的。整理本付梓后，成为研究厦门历史的重要文献资料，也为热爱厦门历史文化的读者提供了一部珍贵著作。然其从1998年出版至今已有20多年，第一版早已售罄，各方读者常常致电索书，再版的呼声很高。中共厦门市委、厦门市人民政府对《鹭江志》再版高度重视，2020年7月，中共厦门市委党史和地方志研究室决定组织再版《鹭江志》，同年11月，《鹭江志》整理本定稿，交付印刷。

此次再版，近80岁高龄的原整理者江林宣老师不辞辛劳逐字审核，修改谬误，并查阅大量史书，补齐第一版《蓝应元序》中所缺十余字。正是因为有文史专家这样严谨的治学态度以及诸多有识学者和海内外读者的关心，《鹭江志》才得以从成书到再版。我们希望通过这次再版《鹭江志》，进一步加强对厦门历史文化资料的挖掘和传承，发挥志书"存史、资政、育人"的功能，助力厦门全方位推动高质量发展超越，建设高素质高颜值现代化国际化城市。

本书的出版，中共厦门市委、厦门市人民政府高度重视。再版《鹭江志》虽已付梓，由于编者水平有限，难免存在错漏，敬请广大专家、读者不吝赐教。

中共厦门市委党史和地方志研究室<br>2020年11月

## 图书在版编目(CIP)数据

鹭江志：整理本 /（清）薛起凤主纂；江林宣，李熙泰整理；中共厦门市委党史和地方志研究室组编. — 厦门：鹭江出版社，2020.12
ISBN 978-7-5459-1821-2

Ⅰ.①鹭… Ⅱ.①薛… ②江… ③李… ④中… Ⅲ.①厦门—地方志 Ⅳ.①K295.71

中国版本图书馆 CIP 数据核字（2020）第 231379 号

LUJIANG ZHI

### 鹭江志（整理本）

［清］薛起凤　主纂
江林宣　李熙泰　整理
中共厦门市委党史和地方志研究室　组编

| | | | |
|---|---|---|---|
| 出版发行：鹭江出版社 | | | |
| 地　　址：厦门市湖明路 22 号 | | 邮政编码：361004 | |
| 印　　刷：厦门集大印刷厂 | | | |
| 地　　址：厦门市集美区环珠路 256-260 号 3 号厂房一至二楼 | | 电　　话：0592-6183035 | |
| 开　　本：889mm×1194mm　1/32 | | | |
| 插　　页：4 | | | |
| 印　　张：8.75 | | | |
| 字　　数：189 千字 | | | |
| 版　　次：2020 年 12 月第 1 版　2020 年 12 月第 1 次印刷 | | | |
| 书　　号：ISBN 978-7-5459-1821-2 | | | |
| 定　　价：45.00 元 | | | |

**如发现印装质量问题，请寄承印厂调换。**